窦文涛 主持

锵锵三人行

只谈风月

湖南文艺出版社
HUNAN LITERATURE AND ART PUBLISHING HOUSE

博集天卷
CS-BOOKY

目 录
Contents

只
谈
风
月

Chapter *1* 风月无边
001

002　忧国忧民，关心"低俗"

012　《肉蒲团》挽救了香港电影业

025　还原男女关系才叫"有人性"

038　我裸故我在

049　爱恨交加"被失足"

061　"性示众"反人性

Chapter *2* 食色性也
075

076   为了报仇看AV

085   "艳照门"看的是名人脸

094   "天上人间"被查了

108   与青楼有关的日子

121   中国式性感

134   现代化从性开放开始

Chapter3 等爱至死
145

146 爱情成了奢侈品

166 红颜薄命是场高贵的痛苦

177 剩女，一颗恨嫁的心

185 找个人来爱，怎么这么难

198 宁可错过三千，不愿错嫁一个

208 世界这么乱，装纯给谁看

Chapter *4* 婚姻昏因

219

220　"大小恋" 羡慕嫉妒恨？

237　不是爹不成熟就是妈太老

248　闪婚靠的是猛劲儿

260　都是换偶惹的祸

271　婚姻里面"性"解放

282　好男人不以数量论英雄

只谈风月

Chapter *1*
风月无边

有趣的是谈风云的人，风月也谈得，谈风月就谈风月
罢，虽然仍旧不能正如尊意。

——鲁迅《〈准风月谈〉前记》

忧国忧民，关心"低俗"

你有你的道德，我有我的道德，尤其在这么一个主流道德受到怀疑，新的秩序还没有建立起来的时代，我觉得法律比较靠谱。

现在都喊"扫黄"，这是不是说明我们这个社会"黄毒"已经泛滥成灾，我们要完蛋了，到了一个崩溃的边缘了？

我这一生要为捍卫"私"奉献终生！为什么？因为我发现，当今社会很多问题，就是因为"私"的范围没划清楚。你搞不明白什么是个人隐私，什么是公民的个人通信自由，什么是夫妻关起门来的东西……

窦文涛：我先念念《锵锵三人行》微博里朋友们的留言：新世纪女性，上得了厅堂，下得了厨房；写得了代码，查得出异常；杀得了木马，翻得了围墙；开得起好车，买得起新房；斗得过二奶，打得过流氓。我们秀媛就是新世纪女性，飒爽英姿，女中豪杰啊（笑）！

李秀媛：我不行，十项都不合格！

窦文涛：你会写程序、弄木马啊。

许子东：人家封锁了你，能够翻墙。

李秀媛：翻的是防火墙，不是红杏出墙。

窦文涛：这不算啥，关键是"打得过二奶，斗得过流氓"！

李秀媛：我都认输（笑）。

捍卫"私"字献终生

窦文涛：现在不都反低俗嘛，台湾诗人余光中写过一首诗："乡愁是一湾浅浅的海峡，我在这头，大陆在那头……"我们《锵锵三人行》微博上说："小时候低俗是一盘小小的磁带，我在这头，丽君在那头。后来低俗是一张窄窄的纸条，我在后头，女生在前头。长大后，低俗是一张薄薄的光盘，我在这头，电视在那头。而现在，低俗是一条短短的信息，我在里头，警察在外头。"

李秀媛：把邓丽君也当做低俗？

窦文涛：那是最早的时候，靡靡之音嘛。我就爱听靡靡之音，呵呵！

　　上世纪七八十年代，当大陆还充斥着斗志昂扬、富有男子气概的革命歌曲时，海峡对岸却飘来几缕"靡靡之音"，软软的，轻轻的，柔柔的——《甜蜜蜜》《何日君再来》，正是邓丽君甜美、婉转的歌声，让无数青年男女为之痴狂。这样的歌声在当时不啻为资产阶级情调。1980年，一些老资格音乐人召开了一场专门针对当下流行音乐取向的讨论会，称为"西山会议"。会上，一些专家对以邓丽君为代表的港台音乐表达了否定的观点。邓丽君的歌曲被冠以"黄色歌曲"和"靡靡之音"的名号。

　　李秀媛：从小你就低俗。

　　窦文涛：没错儿，中国电视上，我是低俗的祖师爷（齐笑）！但你得说"浪子回头金不换"，现在你就能看出，十一二年前年轻的鄙人是如何的有远见！那时候我们是讲黄段子起家的，不敢说海外，至少在内地电视上，公然地讲黄段子，吾是第一人（齐笑）！那时候——火啊！说实在的，我们名气的积累，那都是血淋淋的过程。不过后来在各方势力的开导下，我今天终于走上正道了，关心社会，忧国忧民，哼，你能说我什么？

许子东：死猪不怕开水烫！目前忧国忧民就要关心"低俗"。

窦文涛：对！所以我们的微博不是盖的，我给你念段不低俗的新闻：《南方日报》报道，最近在东莞务工的张某突然发现，他的手机不能发短信了。通过咨询中国移动客服才知道，因为他向外发"黄段子"，被相关系统检测到，所以被停了短信功能。话务员接受记者采访时表示，目前公司正配合公安部门展开手机违法短信的治理。

接着上海移动传来消息：根据公安部门提供的一系列关键词，对手机短信进行先期过滤，而界定"黄色淫秽"。根据国家九个部委发布的十三项技术标准，一旦发现有问题，将对该手机号码进行暂停短信功能。

过了不几天，有报道上海移动并没有推出手机发黄色短信经确认后号码将永久作废的举措；又有媒体报道，北京移动对之前"发黄段子将被停机"的说法予以否认。

许子东：这里有个大混乱。如果说一个人行为违法了，应该是公安部门来检控，不应该由这些移动公司出面监管，停掉手机。移动公司停手机属于商业行为，要在其他国家，它要把你停掉了，早告死它了。

李秀媛：现在网上也是，比如发色情照片，它就会检举你，报给网络警察。关键是，黄段子的标准是什么？新闻里说，举报给公安，由公安来设定标准，看是否构成黄段子。但现在的黄段子写得很高明，里面只有一些隐讳或意淫的词，并没有讲到什么器官。那怎样去界定呢？

中国的"黄段子"文化在历史上有着悠久而深远的传承，《笑林广记》中便有许多荤素搭配的小笑话。古代靠传抄流传的许多艳情禁毁小说，例如《金瓶梅》等，也是这种文化积淀的一个突出反映。此外还有诸多表现男欢女爱的民歌小调，热辣而缠绵。火遍大江南北、在田间炕头上发展起来的二人转，更是直白而袒露。

正如人可分为大人物和小角色一样，"黄段子"也分档次。赤裸裸直指脐下三寸，语言污秽犹如泼妇骂街的，容易界定"黄"还是"不黄"；而措辞隐晦充满禅机、需细细品味方能会心一笑的，往往引而不发、浅尝辄止，大大挑战人的智力。这样的黄段子如何进行界定呢？

窦文涛： 讲到"界定"，有些明星爱当爱心大使，我决心要当"私心大使"。过去叫"狠斗私字一闪念"，而我这一生要为捍卫"私"奉献终生！为什么？因为我发现，当今社会很多问题，就是因为"私"的范围没划清楚。你搞不明白什么是个人隐私，什么是公民的个人通信自由，什么是夫妻关起门来该说的东西……什么事儿你能管，什么事儿不需要你管，公私范围不明晰，造成了执法混乱。比如铁路派出所的警察查人家手机，发现了一段类似日本 AV 的色情短片，好！怎么办？写保证书吧，罚款两百块钱！[1]

许子东： 而且不开收据（笑）！香港报纸报道了以后，据说警察好像后来去道歉了吧？

李秀媛： 凭什么检查人家手机？这已经侵犯到人权了。

管罪行 + 管行为 + 管思想

窦文涛： 现在都喊"扫黄"，这是不是说明我们这个社会"黄毒"已经泛滥成灾，我们要完蛋了，到了一个崩溃的边缘了？所以我们要扫！我承认全世界对黄色淫秽，都有一定的措施。但在所谓"自由民主"的世界里，比如美国，这样的措施让人感到很柔性，而且是在严守公民个人隐私等法律前提下实施的。如果说现在在网上黄色淫秽的东西，已经让我们到了败坏风俗、道德崩溃的境地，那美国的奥巴马到上海演讲，说"我们的网络是自由的"，为什么他们的网络是自由的，而他们的道德没有崩溃呢？

许子东： 一般来说，政府管制方式有三种。一种是管罪行的，只要你不犯罪，你

[1] 2010 年 1 月，大渝网等网站纷纷转载一个名叫《坐火车的时候请删掉手机里的 AV》的帖子。内容是重庆一个小伙子，于 2009 年 12 月在绍兴火车站下火车时，因为手机里有一段色情视频被民警发现，民警要对他处以罚款 500 元、拘留 5 天的处罚。小伙子求情之下，写下保证书，交了 200 元罚款，这才完事。

就可以去做。第二种是管行为的，你 24 小时做的事情，我们帮你衡量一下哪些是好的，哪些是不好的；不好的比如发黄段子、看色情录像这些，我们就劝阻你、禁止你；好的，比如"一夫一妻""百年到老""计划生育"这些，我们就拼命鼓励。第三种最彻底，干吗呢？管思想。不要说做，哪怕你就是想想，比如跟旁边哥们说"我想看人家做爱"，你就完了，被斗死了！

千万别小看管思想、管行为、管罪行三者之间的区别，这根本是三种政治制度。但千万不要误会说，管罪行的社会中，除了明确的罪行之外，人们都在无恶不作。不是，人家只是政府不管。交给谁管呢？交给舆论，交给家庭，交给教会。比如政府、法律方面允许看三级片，看黄色杂志，但不是人人都会看。一个有身份的人整天拿着黄色杂志，被人瞧不起嘛！而现在的中国，三种管制方式是重叠、混合的，所以就带出来很多问题。

李秀媛：我们一直有这样一种道德观，认为性是隐讳的，不能说的。但是在国外，尤其欧美这一带，他们常常持一种非常开放的态度——

许子东：不是，某种程度上，中国现在的性开放程度已经远远超过美国了吧？但是美国女孩子，要跟她睡觉容易，你要跟她一起看三级片，她才不会跟你看，你连说都说不出口！

李秀媛：你怎么那么了解（笑）?!

许子东：当然有试过，开玩笑（笑）！比如在香港，你能想象我们同事之间发一个带器官名字的低俗段子吗？你发出去就毁了自己，但不会有警察管你。

受好莱坞电影、《花花公子》杂志的影响，人们都以为美国人的性观念最开放、最疯狂。但实际上，持保守与传统性爱观的美国人大有人在。

传统的性爱观能在美国占据主流是有社会基础的。美国 ABC 的一项调查结果显示，30 岁以下的单身人群中，有一半的人根本就没有约会，80% 正在约会的人也只和一个固定对象保持关系；在经常有性行为的人群中，51% 的男性和 61% 的女性认为自己属于"传统性爱的拥护者"；还有 84% 的女性和 62% 的男性认为，电视中关于色情的内容太多了。而著名性学专家金赛的传记电影也曾引起部分美国人的反感，在摄制期间就有不少人示威，认为无法接受这样"性开放"的电影。

窦文涛：据说有关部门现在引进了一个新的科技管理方法——不是法治，也不是人治，而是"机治"，就是设置关键词、敏感词屏蔽信息。某人发现可用如下信息测试黄段子屏蔽功能：宝鸡巴士公司、江阴道路管理局、江阴毛纺厂、好味道大肉棒骨餐厅（齐笑）……

李秀媛：好露骨啊！　　　　　　　　·

道德是一种习俗感

李秀媛：其实现代人很小就明白和谐是怎么回事了，对不对？

窦文涛：怎么和谐（笑）？

李秀媛：就是健康教育啊。台湾有一门课叫《健康与教育》，里面会讲孩子是打哪儿出来的。

窦文涛：要讲科学发展观的话，我缺乏见解。比如我一直弄不清，假如我性欲太强，这到底是自然的，还是因为小时候看多了黄色淫秽的东西才使我这样呢？好像学术界都并存着多种观点，认为——

李秀媛：太压抑了。

窦文涛：有人说，孩子的初期性教育如果看多了黄色淫秽的东西，比如日本 AV，就会形成性异常。但也有人认为，这些东西是人性自然的宣泄。总之，道德的事儿真说不清楚，但我很崇拜法律，为什么呢？因为很多事情你有你的道德，我有我的道德，尤其在这么一个主流道德受到怀疑，新秩序还没有建立起来的时代，我觉得法律比较靠谱。

最近我看李银河写的博客，她引用大哲学家尼采的一些话，对我来说简直就像敲钟。比如尼采说，道德是一种习俗感，是一种风俗习惯。还有一句名言，道德使人愚昧。很多时候拿道德来说事，本质上是一种愚民政策。因为你要推究道德是怎么来的，它是前人经验的汇集来的，而前人的道德可能是在某种非常事件下产生的。可到了最后，它的神圣不可侵犯性却变成不容争辩的了。尼采认为这不够科学，因为它不允许争论质疑，也不利于习俗的修改，它就是一个——

李秀媛：约定俗成。

道德就是对习俗的服从，无论它是什么种类的习俗。然而，习俗是传统的行为方式和评价方式。人们所以服从它，不是因为它要求对我们有益的东西，而是因为它在要求。所以从根本上说，一切都是习俗。在习俗道德的支配下，每一种创造力都获得一个坏的良心；由于这个原因，在最好的人头上的天空恰恰更为黑暗。

——尼采

许子东：要真关心道德也好了，其实现在的关注点是道德怎么对社会有用，怎么有助于和谐，什么样的社会局势需要什么样的道德，就宣传什么样的道德，所以道德也不断在变。

窦文涛：这叫"道德的相对性"，我们微博段子里有体现：同样是泡妞，领导叫失足，富人叫包养，百姓叫嫖娼。同样是出国，领导叫考察，富人叫旅游，百姓叫偷渡。同样是干活，领导叫带头，富人叫创业，百姓叫打工。同样是要求，领导叫意见，富人叫提案，百姓叫牢骚。同样是挖坟，领导叫考古，富人叫探宝，百姓叫盗墓。你看很多事情都有相对性……

《肉蒲团》挽救了香港电影业

鲁迅早就描写过了，凡男人看色情的东西，基本特征就是嘴半张半闭。

睡、吃和性同为人的三大基本欲望，为什么睡觉和吃饭可以公开进行，性就要把它当做禁忌呢？

从女性角度看，性就是一种情感。在某些时候的某些表现只属于你，只有你能看到，其他人看不到，因为我爱你，这是属于你的。

窦文涛：一看到李艾，我学了个新词——"超萌".（笑）！

李　艾：我今天"卖萌"来了。

窦文涛：许老师应该经常研究新词儿，为什么叫"萌"呢？

许子东：我不知道，呵呵。

李　艾："萌"就是可爱啊！你看那种刚刚发芽的小植物，多萌！"萌"代表了一种新生的、小小的东西。无论什么东西，小小的时候都是很可爱的。

窦文涛：你可一点不小啊，哈哈！

男女齐看《肉蒲团》

窦文涛：我本来以为跟这么萌的小姑娘谈三级片不大合适，但我刚发现，如今这事已经不只属于男人了，女人也有份啦！据说《肉蒲团》[1] 在香港形成了观影热潮，许老师刚刚从这潮水里爬出来，强烈渴望要跟我们分享一下，哈哈！

许子东：我是一点好处都没有，白帮人家做广告。

窦文涛：按说一个三级片，说起来是

[1]《肉蒲团》据说为明末清初戏剧家李渔所写，讲述风流公子未央生为淫欲玩女人，结果自己妻子也沦为妓女的故事，所谓"淫人妻女者，亦使其妻女偿人淫债"。这本书被认为是"淫邪之作"而数度封禁。1994 年麦当雄、萧若元联手炮制《玉蒲团之偷情宝鉴》被奉为香港三级片经典。2011 年，孙立基导演，萧若元制作，日本 AV 女优周防雪子和原纱央莉等人加盟的 3D 版《肉蒲团》再战江湖，场面异常火暴。

有点臊眉耷眼的。这次的宣传为什么这么强势呢？

　　2011 年 4 月 14 日,《3D 肉蒲团之极乐宝鉴》开始在香港上映,出现了史无前例的盛况,多年前情色片缔造票房神话的盛况仿佛重现。不只香港人热情飙高,为了观看电影首映,大量外地游客,尤其是内地人也纷纷入港观看。有香港影评人揶揄:"肉蒲团的团,应该是旅行团的团,再具体一点说,应该是内地旅行团。"

　　许子东：这样说吧,近年来因为录像、DVD 的普及,还有有线电视的随意点播,香港色情电影院差不多已经关门了。但这一次很奇怪,《肉蒲团》变成了公众电影。三级片无论在香港还是海外,都是男的看的多,很少有男女一起去看的。

窦文涛：三级片并不一定专指色情，有些过分暴力的也被划为三级片。

许子东：对，我说的应该是色情片《肉蒲团》是中国古代有名的文学著作，哈佛大学汉学研究教授韩南[1]认为这部小说是中国古代最伟大的小说，而且考证出是李渔[2]写的。

提到香港的三级片，大多数中国（尤其是内地）观众通常会将其作为色情片的代名词。而事实上自 1988 年年底香港实行电影分级制度以来，对第三级影片的划分标准除了裸露镜头外，还包括暴力镜头、过多粗口以及其他可能造成 18 岁以下青少年儿童不良意识的题材情节等，比如王家卫导演的《春光乍泄》当年上映时就因为同性恋题材而被列为三级。

不过，即便是香港三级片称得上题材广泛、类型丰富，但被划为三级的原因仍然主要来自过多裸露镜头带来的激爆情色。因此，将香港三级片直接等同于"色情片"或许未必准确，但香港的风月色情电影皆属三级却毫无疑义。

[1]韩南，新西兰人，曾任哈佛大学东亚系主任，是美国最有成就的研究中国古典小说的专家之一。

[2]李渔（1611—1680），字谪凡，号笠翁，浙江兰溪人，明末清初文学家、戏曲家。

窦文涛：许老师在为自己看三级片找理由！

许子东：不是，这部小说的文学价值怎样我们姑且不论，但这部电影确实形成了一个现象——大家正大光明地进去看，而且有一半是女的。

李　艾：我也特想看一看。这个电影最吸引我的是 3D 特技，大场面、大制作的电影在电影院看才有效果，回家看 DVD 很没劲！我想知道 3D 色情片会是什么感觉。

许子东：实际的感觉，我告诉你——非常扫兴。

窦文涛：是不是感觉就在你眼前呢（笑）？

许子东：NO，NO！我以前看的 3D 电影多数是卡通片，比如《玩具总动员 3》。所以这次一戴上那眼镜，我就有种看卡通片的感觉，而且《肉蒲团》的 3D 效果很差，色情场面一点也不色情，整个像一卡通片！里面两个中国女星做得很假！请的两个外援——日本 AV 女优演得稍微真一点。我感觉汉族女人不适合拍 AV 片，不会打真军[3]，只会"叽里呱啦"乱叫，一点不入戏。

窦文涛：日本人多扎实啊（笑）！

［1］"打真军"一词出自粤剧舞台，原意是武打演员不使用替身用真功夫对打。该词多用来指真枪实弹地干，在电影娱乐圈常用来指演员在戏中的性交场面为真实性交，而非借位拍摄。

许子东：是啊，世界上就怕"认真"二字（齐笑）。

李　艾：那你们男人看的时候，什么表情？

许子东：男人的表情？！鲁迅早就描写过了，凡男人看色情的东西，基本特征就是嘴半张半闭。

窦文涛：看傻了（笑）！

许子东：我感兴趣的是女人怎么看。我留心观察过电影院前后左右的女人，也许因为这个片子游戏成分太大，什么事都搞得特夸张，所以女人都在看玩笑。

窦文涛：李艾，如果你看到电影上的色情镜头，比如《色·戒》，作为女人，你什么感觉呢？尴尬吗？

李　艾：《色·戒》我看得挺投入的，不觉得尴尬。

窦文涛：会觉得兴奋吗？

李　艾：当时没什么感觉吧，事后会跟人家聊天说，哟，你看梁朝伟跟汤唯该不会真有点什么吧！

窦文涛：女人都关心这个（笑）。

许子东：这次《肉蒲团》放映有个文化现象，内地很多潮男、潮女组团包场去看。香港有很多小影院，只有十几二十个位子，这些人把整个场包下来看。说他们是"淫乱 party"有点过份，但你说十几个人一起去看三级片，而且包场！包过以后，他们之间的哥们、姐们情谊会不会（笑）……这是我最关心的。不过这戏的后半部分变成正剧了，因果相报之类的。就算不穿衣服，也不让人觉得色情。相反，很多暴力的东西让人受不了——

李　艾：你这么说我太想看了（笑）！

窦文涛：性虐待？

　　许子东：说实话，其中几个场面，我隔了两副眼镜还用手遮起来（文涛、李艾笑）！无法看下去。

把最私密的留给爱人

　　窦文涛：感觉《肉蒲团》有点拯救香港电影业的意思。是不是有点臊眉耷眼的事儿，经过一定的营销和宣传，就变成一个文化事件了呢？

　　李　艾：就像苍井空，她在新浪开微博之后，很多平时看上去很伟岸的文化人都光明正大地提到她。为什么呢？肯定是看过她不少作品啊！所以，现在不管看 AV 也好，看色情片也好，在大家心中已经不是一件不道德的事了。

　　窦文涛：最近有人采访空姐，问她最重视男人什么特质，空姐回答：持续力（笑）！不用想那个，人家说的是男人要有毅力！而且空姐提出了一个值得咱探讨的问题：睡、吃和性同为人的三大基本欲望，为什么睡觉和吃饭可以公开进行，而性就要当做禁忌呢？当年丰子恺先生针对这个也写过一篇妙趣横生的文章，说"食色"二欲怎么可以这样。那天我突然就开悟了，这是短缺经济学啊！你发现没有，最开始的时候，人类的食物很少，现在食物则过剩了。可放眼男女数量，不管人类发展到什么程度，男人女人的比例却一直没怎么变过，是不是东西短缺的时候大家就要偷偷的呢？

　　苍井空，1983 年出生，日本 AV 女优兼电视演员，因其"童颜巨乳"的特色在东亚乃至欧美都有超高人气。2010 年 11 月 11 日上午，苍井空在自己生日当天开设新浪微博，短短 50 分钟内引发 3 万博友围观，短短几天之内粉丝数量飙升至 40 万，目前粉丝数量已突破 250 万，刷新新浪微博粉丝增长最快纪录。

　　许子东：有点道理。我记得那会儿，乡下要杀一头猪，大家都什么事不做，等着！而且整天讲吃，口头上得到满足！越短缺，讲得越厉害！

　　我又发生了一个大疑问："食色性也"，"饮食男女，人之大欲也"。圣贤把这两件事体并称，足证它们在人生具有同等的性状与地位。何以人生把"色"隐秘起来，而把"食"公开呢？要隐秘，大家隐秘；要公开，大家公开！如果大家公开办不到，不如大家隐秘。因为这两件事，从其丑者而观之，两者都是丑态。吃饭一事，假如你是第一次看见，实在难看得很；张开嘴巴来，露出牙齿来，伸出舌头来，把猪猡的肾肠，鸡鸭的屁股之类的东西拼命地塞进去，"结格结格"地咀嚼，淋淋漓漓地馋涎。这实在是见人不得的事！何以大家非但不隐秘，又且公开表演呢？

——丰子恺《宴会之苦》

窦文涛：大家讲"色"也很厉害啊！为什么一对男女搞这种关系的时候老是遮遮掩掩呢？是不是因为还有很多光棍缺少，所以怕引起嫉妒呢？

李　艾：从女性角度看，这不是什么经济学、什么短缺，它就是一种情感。在某些时候的某些表现只属于你，只有你能看到，其他人看不到，因为我爱你，这是属于你的——

窦文涛：吃呢？吃相大家都可以看到。

李　艾：吃也很简单，在社交场合吃，我肯定吃得很斯文，但在家里，我可能把脚放在椅子上吃。

窦文涛：暴露狼相（大笑）！

李　艾：我不希望把太私密的东西跟大家分享，有些东西只属于情侣两个人，或者只属于家里人。

许子东：有人采访跟很多女人都有过关系的playboy，他说每个女人都不一样，不一样的不是身体，而是脸。不同的女人，无论她再怎么美丽，在那一刻的表情都是与众不同的。为什么很多老板花很多钱都要找明星睡一晚上？他们也是想看看明星不同时候的表情嘛。

李　艾：有些文章写妓女卖身的时候，你怎么都行，但不能亲我的嘴。她们把亲吻看得很神圣，比性还神圣，她们要把吻留给她以后爱的人。

窦文涛：看来每个人心底都有一个最干净的地方，只留给一个人。

李　艾：呵呵，说得很《挪威的森林》嘛。

许子东：香港很多性工作者都有家庭，而且很多人都瞒着家里人。但她们一点都不觉得对不起家里人，她觉得自己在养家糊口，虽然用身体在工作，但她忠实于丈夫，照顾小孩。照我们一般观点看，这种想法很不可思议。

李　艾：她可能会保留某一种形式感的东西给丈夫、孩子。

窦文涛：但是丈夫能接受这种形式感吗？

李　艾：那就不知道了。

细节背后是人性的阴暗

李　艾：最近我看了一部电影特别纠结，叫《告白》。海报有两款，一款是松隆子的头像。她在很多影迷心中是非常纯美的女生，有一张特别干净的脸。海报上她的嘴角稍稍上扬，形成了一种很诡异的笑容。

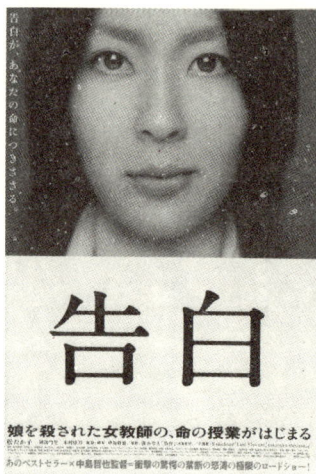

　　松隆子，日本歌手、艺人。出生于东京都，1993 年出道至今，出演了多部电视剧、电影、舞台剧，以清纯华美、充满知性魅力的形象为人熟知，代表作有《四月物语》《东京塔》《维荣的妻子》等。

　　《告白》改编自日本女作家凑佳苗的小说，日本导演中岛哲也执导，松隆子主演，2010 年 6 月首映。故事讲述一位中学女老师在校园游泳池内发现自己的四岁女儿意外溺毙，后经私下调查，原来是班上两位学生谋杀的，但杀人动机实在荒唐。痛失爱女的老师辞职，不向警方申请重新调查，而在结业式那天向全班学生告白真相，并透露了她的复仇计划，在学生们的心底种下恐惧的因子……

　　许子东：这次香港金像奖，这部片得了亚洲最佳电影。这部电影改个片名应该叫"人性的证明"，整部片子在讲人性的复杂性，而且用了一个罗生门的手法，不同的人从不同的角度叙述同一个故事。

李　艾：片子拍得特别唯美、特别纯真，看完之后却让人感觉——所有完美的东西下面似乎都有一点人性阴暗、肮脏的东西，而且每一个人都特别可怜。

窦文涛：杀人犯也可怜吗？

李　艾：特别可怜。那个老师报复的手段挺狠，但也特别可怜。所有人都得不到救赎，所有人做错事之后，都是一个错误滚着另外一个错误，不断地滚下去。你会觉得报复别人比自我救赎更容易，跟药家鑫的案子[1]一样。

许子东：余华有部小说《现实一种》，很早就做过预言性的描写，很多偶然的细节背后是人性的阴暗。

窦文涛：这就是所谓好的文学作品的标志，里面每一个人都是正常人，但都不可遏制地滚入一个个悲剧……

这哭声使他感到莫名的喜悦，他朝堂弟惊喜地看了一会，随后对准堂弟的脸打去一个耳光。他看到父亲经常这样揍母亲。挨了一记耳光后堂弟突然窒息了起来，嘴巴无声

[1] 2010 年 10 月 20 日深夜，西安音乐学院大三学生药家鑫驾车撞人后，将伤者刺八刀致其死亡。2011 年 1 月，西安市检察院以故意杀人罪对药家鑫提起公诉。此案引起社会热议。2011 年 4 月西安市中级人民法院一审宣判，被告人药家鑫犯故意杀人罪，被判处死刑，剥夺政治权利终身。2011 年 6 月 7 日，经最高人民法院核准，药家鑫被依法执行死刑。

地张了好一会，接着一种像是暴风将玻璃窗打开似的声音冲击而出。这声音嘹亮悦耳，使孩子异常激动。然而不久之后这哭声便跌落下去，因此他又给了他一个耳光。堂弟为了自卫而乱抓的手在他手背上留下了两道血痕，他一点也没觉察。他只是感到这一次耳光下去那哭声并没窒息，不过是响亮一点的继续，远没有刚才那么动人。所以他使足劲又打去一个，可是情况依然如此，那哭声无非是拖得长一点而已。于是他就放弃了这种办法，他伸手去卡堂弟的喉管，堂弟的双手便在他手背上乱抓起来。当他松开时，那如愿以偿的哭声又响了起来。他就这样不断去卡堂弟的喉管又不断松开，他一次次地享受着那爆破似的哭声。后来当他再松开手时，堂弟已经没有那种充满激情的哭声了，只不过是张着嘴一颤一颤地吐气，于是他开始感到索然无味，便走开了。

——余华《现实一种》

还原男女关系才叫"有人性"

现代这个社会，人与人之间的关系是如此的疏离、如此的冷漠，以至于把情欲关系当成了唯一的依靠。

古希腊的时候，大家对于性方面的行为，包括同性恋，一般采取自然而然的态度，反倒没什么。但是到现在，我们用太多的道德规条去管束性，反而使大家对道德越来越没信心。

一夫一妻制是外来文化，基督教的。西方把男女情爱看成是世界的核心，但中国过去的房中术全在教男人怎么提防不要被女人弄完蛋了，怎么保护身体。

窦文涛：最近戛纳电影节又走红地毯了，咱发哥来了，电影《孔子》嘛。你们可以评价一下，他像不像你们心中的孔子。这海报据说反映了孔子生怕学习得不够的一种神情。

许子东：朝闻道，夕死可矣。

梁文道：这个造型，我觉得还行。

许子东：就是电影怕看（笑）。

电影《孔子》由胡玫执导、周润发主演，2010 年 1 月公映，讲述了孔子 51 岁出任中都宰一直到 73 岁病逝这段经历，其中最引人关注的是孔子见南子一段。电影中南子的扮演者周迅，身穿华丽古装，妩媚绚美、光彩照人，面对孔子柔声相问："听说你常讲'仁者爱人'，那个'人'字里面包不包括像我这样名声不好的女人呢？"这一情节的设置，引发大家争议。

情欲成了唯一依靠

窦文涛：最近大家都在谈孔子跟南子这段戏。《论语》里的记载像很多八卦新闻一样，有头没尾，只说孔子见过南子，但两人干了些什么，聊了些什么没说，只有子路说，老师你怎么能这么干呢？孔子就指天发誓，说"天厌之"，意思是，我要干了什么，老天爷让雷劈了我（笑）！

这一段内容，《论语·雍也·二十八》中只短短记载了几句：子见南子，子路不说（悦）。夫子矢（誓）之曰："予所否者，天厌之！天厌之！"而在司马迁的《史记·孔子世家》中记载：灵公夫人有南子者，使人谓孔子曰："四方之君子不辱欲与寡君为兄弟者，必见寡小君。寡小君愿见。"孔子辞谢，不得已而见之。夫人在绨帷中。孔子入门，北面稽首。夫人自帷中再拜，环佩玉声璆然。孔子曰："吾乡为弗见，见之礼答焉。"子路不说。孔子矢之曰："予所不者，天厌之！天厌之！"

许子东：你意思是说孔子有婚外情？

梁文道：没有，孔子没有。

窦文涛：好像《史记》里记载，那时候男子的性生活是比较开放的。

许子东：对，一夫多妻制是合法的。

窦文涛：你可不要以为那时候的社会很保守。《孔子》定好了周迅演南子后，编剧先发话了，南子和孔子是探讨学问的，我们不会把他们往绯闻上写。

梁文道：我觉得太悲惨了！我们这个年代，怎么什么事都要往性这个方向扯呢？就连拍孔子都要想办法给他造出一段绯闻来。

窦文涛：这个也不出奇，好莱坞电影《达·芬奇密码》[1] 不也是耶稣私生子什么的？

梁文道：那是有根据的说法，但孔子跟南子这件事，历史上大家从来没有这么想过。

许子东：那天我看到莫顿·亨特 [2] 说了一句名言，他说现代这个社会，人与人之间的关系是如此的疏离，如此的冷漠，以至于把情欲关系当成了唯一的依靠。英国一个性书大亨 [3] 去世前留下了一句遗言：人们的头脑永远想着 Sex、Sex、Sex。

我们是不幸的公民，居住在缺乏人类情感、如此疏离如此漠视个人需要的世界上，以至于我们对情欲关系赋予无比的价值，冀望从情欲关系中寻获现代生活所找

[1] 根据丹·布朗《达·芬奇密码》改编的电影。巴黎卢浮宫馆长雅克·索尼埃被杀，被摆成达·芬奇的名画《维特鲁威人》的姿态，哈佛大学宗教符号学教授罗伯特·兰登循着线索，解开了一系列谜团，其中最惊世骇俗的是郇山隐修会一直保守的圣杯秘密——圣杯不是一个真正的餐杯，而是耶稣的亲密伴侣抹大拉的玛丽亚，她生下了一个名叫莎拉的女儿。

[2] 莫顿·亨特（1927—1983），美国作家，擅长写励志类文章，同时也是一位专业的心理学家，代表作有《痛击》《心理学的故事》等。

[3] 这里的性书大亨指的是保罗·雷蒙德（1925—2008），他早年开设英国第一家现场脱衣舞秀的俱乐部，后创办了多本情色杂志，如《Razzle》《男人世界》等。

不到的一切。

——莫顿·亨特

人们永远都想着性，永远永远永远都想着性！

——保罗·雷蒙德

梁文道：这其实也是很多学者的一个判断。他们说现代社会对爱情或情欲特别关注，是因为人与人之间已经没有任何更重要的联系方法了，情欲成了唯一的纽带。

中国特别在哪儿呢？我们把情欲往外投射。自己有情欲，所以看别人的时候，也觉得这是别人心目中最重要的，哪怕是几千年前的孔子和南子。说不定还有人拍司马迁被阉了之后的绯闻呢。

许子东：或者阉之前如何雄风梦幻（大笑）！

才华转移为力比多

窦文涛：凤凰网上有一篇文章讲纪晓岚的，很有意思，说他最有名的一点是好"食、色"二欲。首先"吃"上面，这人太怪了，不吃米，不吃面，只吃猪肉，一上菜就是十盘猪头肉（笑）。然后就是"色"，纪晓岚能到什么程度？"日御数女。"

梁文道：啊？

窦文涛：五个！五次！早上上朝之前整一下，上朝完了回来又整一下，两次吧？中午饭的时候，整一下，晚饭前又来一下，临睡前再来一下！

梁文道：以后出个壮阳药叫"纪晓岚"（齐笑）！

窦文涛：纪晓岚的最大成就是给乾隆皇帝编了《四库全书》。

梁文道：最大的祸害。

窦文涛：当时说他搞到什么程度？据说有人一度怀疑他是不是色情狂，是不是有些什么病。乾隆皇帝有几天把他叫到皇宫里去编书，他没法搞——

许子东：憋坏了。

窦文涛：憋到火眼金睛，眼睛都赤红了（笑）！他说他要是不搞女人，皮肤就裂开。皇帝看见之后说，哎呀，几天没见你怎么这样了？成孙悟空了（齐笑）！后来纪晓岚就跟皇帝说，这么回事，我一天得搞五次，可到皇宫里，我也不敢……皇帝哈哈一笑，就给了他两个宫女——

许子东：小意思啊（笑）。

窦文涛：整吧，整完之后再编书（笑）！话说回家的时候，龙恩浩荡，皇帝连同这两个宫女一起就送给他了。我觉得乾隆其实是说，你玩过的，我皇帝怎么能再玩呢？送给你算了。从此纪晓岚留下一个美号，叫"奉旨纳妾"，不要嫌我纳妾多，我是奉旨纳妾。

清朝文人孙静庵的《栖霞阁野乘》讲述了一个关于纪晓岚好色的精彩故事："河间纪文达公，为一代巨儒。幼时能于夜中见物，盖其禀赋有独绝常人者。一日不御女，则肤欲裂，筋欲抽。尝以编辑《四库全书》，值宿内庭，数日未御女，两睛暴赤，颧红如火。纯庙偶见之，大惊，询问何疾，公以实对。上大笑，遂命宫女二名伴宿。编辑既竟，返宅休沐，上即以二宫女赐之。文达欣然，辄以此夸人，谓为'奉旨纳妾'云。"

窦文涛： 纪晓岚这个人，一辈子没有什么著作。这么一个有才华的人，除了替皇帝编《四库全书》外，还有一本《阅微草堂笔记》。据说这本《阅微草堂笔记》纪晓岚自己评价都不高，就是写点鬼故事玩玩儿，也没什么。《四库全书》被认为是清朝皇帝阉割中国文化的书，乾隆利用这个机会汇集汉族所有典籍，然后只要有议论边防军事的——

梁文道： 全烧了。

窦文涛： 对清王朝不利的，对皇帝统治不利的，统统阉割了！乾隆皇帝的"文字狱"，一半发生在编《四库全书》期间，所以纪晓岚这么聪明的人太明白了，他不敢写。但根据弗洛伊德的力比多[1]理论，他这满腔才华——

许子东： 转移了（笑）。

精神分析研究表明，所有这些倾向都是同一类本能冲动的表现。在两性关系中，这

[1] 力比多（libido），弗洛伊德 1905 年在《性学三论》一书中首次提出"力比多"，指一种与性本能有联系的潜在能量。一开始指性欲或性冲动，后扩展为一种机体生存、寻求快乐和逃避痛苦的本能欲望。

些冲动竭力要求达到性的结合。但在其他场合，它们的这个目的被转移了，或者其实现受到阻碍。不过它们始终保存着自己原来的本性，足以使自己的身份可以被辨认（例如渴求亲近和献身的特征）。

——弗洛伊德《暗示与力比多》

窦文涛：怎么办呢？他就投向性。就像司马迁，皇帝在肉体上阉割了他，但司马迁性的力比多全用来编《史记》了。

梁文道：这对精神分析的引用太粗糙了（笑）！我倒觉得清朝皇帝对编书人的待遇还挺好！我想所有后来的编辑都很渴盼，我说我憋得不行了，然后老板给你两个——哈哈！

性与道德有关无关?

许子东：现在的电影、艺术把"性"夸张，也是为了满足这个。美国最近拍《罗马》，不是有罗马三巨头 [2] 嘛，安东尼是其中一个。他们怎么描写安东尼呢？大军在进行，忽然停下来了，为什么？安东尼看到路

[1] 三巨头是对罗马三位历史人物的统称，分为罗马前三巨头（恺撒、庞贝、克拉苏）和罗马后三巨头（马可·安东尼、屋大维、雷必达）。

边有一个牧羊女,就跑去跟牧羊女做(笑)。大军就停着,等他做完,完了之后,大军继续前进。有一天大典之前,他要找个女人,那女人不肯跟他,另外弄来一丫头,赶紧做了一回,然后衣服整整,参加大典了。我想这是现代人的一种投射吧。

梁文道:不过史书上讲的确是这样。当时罗马的性生活是出了名的。

许子东:对,而且他们是群体的。

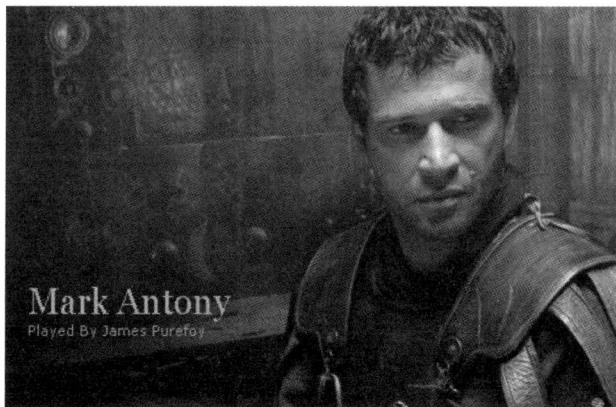

Mark Antony
Played By James Purefoy

美剧《罗马》中,马克·安东尼是个风流的角色,而历史上的马克·安东尼也曾追逐女人,风光一时。马克·安东尼出生于公元前 83 年,早年在罗马过着花花公子的生活。恺撒被刺后,安东尼称雄罗马,并与屋大维和雷必达组成了罗马后三巨头。后来风流成性的马克·安东尼爱上了埃及女王克利奥帕特拉七世。公元前 31 年,屋大维对安东尼宣战,1 年之后,马克·安东尼战败,拔剑自杀,埃及女王也随之殉情。

窦文涛：群交啊？

许子东：不是群交，他们不避开人的，中国古代很多也是这样，丫鬟都还得在旁边伺候着。

窦文涛：帮个忙，端茶倒水什么的——（齐笑）

梁文道：有时候搞 Party，罗马人喜欢吃喝，吃着喝着，来来，搞一回！一伙人看着一对男女在旁边搞，大家照吃照喝，搞完了回来，累了喝口酒（笑）！

许子东：这种事情在 60 年代反叛时候[1]也出现过。但整体而言，人类自从有了"爱"这个字以后，这方面尝试就少了。

窦文涛：我最近看了一本厚厚的书《性心理学》，潘光旦[2]翻译的，他真了不起！这本书是霭理士[3]写的，潘光旦自己还加注，做了很多研究。他讲到英美国家真的越来越文明吗？实际上，在性这方面的道德管束越来越少见多怪。他认为无论是同性恋，还是别的性行为，都不要跟道德扯上太多关系。古希腊的时候，大家对性行为，包括同性恋，一般都采取自然而然的态度，反倒没什么。但是现在，我们用太多道德规条去管束，带来了什么问题？大家对道德越来越没

[1] 即 60 年代的"嬉皮士运动"。20 世纪 60 年代的西方，有相当一部分年轻人蔑视传统，废弃道德，他们用留长发、吸毒品、乱交、同性恋等来表达对现实社会的叛逆，被称做"嬉皮士运动"。

[2] 潘光旦 (1899—1967)，江苏宝山人，社会学家。著有《优生学》《中国之家庭问题》等，并译著《性心理学》等。

[3] 哈夫洛克·霭理士 (1859—1939)，英国性心理学家、作家、文艺评论家，致力于探究性和人类精神世界之间的关系，著有《性心理学》《禁忌的作用》等。

信心了。

梁文道： 我觉得也不要过分美化过去。过去在希腊，尤其是雅典，喜欢搞男同性恋。他们的男同性恋跟我们今天不一样，我们今天还有人谴责同性恋肮脏、堕落、不知廉耻。那时不是，当时有个模式，总是一个未成年的小孩跟成人在一块搞。可以想象，必然是成人主动，小孩被动，成人在后头，小孩在前头（笑）。当时希腊人认为这不好，但他们认为不好在什么地方？！这小孩从小习惯被搞，长大就失去了成为一个民主政治公民的主动性！民主政治是公民主动参与生活，出来辩论，很阳刚的。你从小被人搞，将来怎么搞人呢（齐笑）？！

窦文涛： 这要今天来说，糟蹋未成年人啊！

情爱关系是核心隐私

许子东： 其实"一夫一妻制"是全盘西化的东西，是基督教的。他们把男女情爱看成是世界的核心，过去中国不是这样。中国那么多房中术，都不是教你女人怎么可爱，怎么快乐，全都在教男人怎么提防不要被女人弄完蛋了，怎么保护身体（笑）。

关于房中术如何保护身体，孙思邈在《千金要方》中提到：

"夫房中术者，其道甚近，而人莫能行其法。一夜御十女，闭固而已，此房中之术毕矣。""此方之作也，非欲务于淫佚，苟求快意，务存节欲以广养生也。非苟欲强身力行女色以纵情，意在补益以遣疾也。此房中之微旨也。"

而《修真秘要》中也说道："人之修真养命，犹木之接朽回荣。以人补人，以枝接木，其理一也。"

梁文道：养生！

许子东：中国的文化传统是，不把性的快乐看得那么重要，而是考虑如何把性的快乐融合在你的家庭幸福中。

窦文涛：挺好嘛。

许子东：怎么把性爱的东西变成你的亲人。一旦变成你的亲人、家人了，这就是你的成功。中国这套东西跟西方冲撞得非常厉害，为什么今天性话题这么热烈，而又有这么多分歧？背后原因就是这个。中国过去是要把女人变成自己家里人，你是我家人了，待会儿还有另一个家人——小妾，不矛盾。他不觉得有任何对不起你的地方，他觉得你对他好，他也对你好。当然从今天的普世价值、女性主义理论来讲，这是男人中心主义——

梁文道：还有一个普遍现象，就是我们今天把情爱关系当成是一个人最隐私的部分。你可以不介意跟别人说你爸爸是谁，你妈妈是谁，但你不愿意去谈男女关系，因为这是最核心的隐私。但现在的八卦媒体最喜欢刺探的就是这一点，大家总觉得，只有了解一个人这方面的生活，才算了解他。

窦文涛：要不说媒体"窥阴"呢！其实所有的人在这一点上是共同的，都对男女的事情感兴趣。

梁文道：所以讲孔子没讲跟南子的关系，我觉得不行，哈哈哈！今天你谈任何人少了这一块儿，好像这个人都不完整。很多小说、电影好像只有父子关系、母子关系还不叫"有人性"，必须得还原男女关系才叫"有人性"——

窦文涛：但我觉得，男女关系这个事儿，几千年来，确实是世界上最复杂的事情。不管东方西方，一男一女的关系里头，说实在话，哪是第三个人能弄明白的呢？千种委屈，万般无奈……

我裸故我在

你想跟世界谈谈，结果世界只想看不想谈。

很多人会说，你既然家里穷为什么要学艺术？难道人穷就没有权利去追求自己的梦想吗？我在为自己的梦想努力，有什么可苛责的吗？

身体是有情绪的，因为它发乎心。大家都说色情没法界定，其实是很好界定的，人心里面想什么，从身体上一眼就能看出。有的人就算穿着衣服也是很色情的。

窦文涛：这位非常有风采的女孩，要是我没记错的话，是第一个上我们节目的 90 后，1991 年的。

马家辉：年轻不能把她称做"风采"，上了年纪才叫风采。

窦文涛：那称什么呢？

马家辉：青春、诱惑（笑）。

窦文涛：对，她的青春诱惑你可以 100% 地看到。苏紫紫，你原来真名叫王××，为什么改名呢？

苏紫紫：有一部分原因是不想让家人知道。

苏紫紫，中国人民大学徐悲鸿艺术学院学生。1991 年出生在湖北省宜昌市，自幼父母离异。2010 年年底，由于两个特殊身份——中国人民大学的本科生、每场五百元报酬的全裸模特，让苏紫紫在网上迅速走红，也陷入争议的旋涡。

脱了衣服也在乎

窦文涛： 你现在创作什么呢？

苏紫紫： 以人体为元素的一些作品。

马家辉： 日本的裸体寿司也是创作嘛，你是什么样的创作概念？

苏紫紫： 一组行为艺术的东西，互动式的，我以身体为媒介去做，通过摄影、Video 之类进行二次创作。

窦文涛： 咱看看她做的人体艺术，哎哟！真是够冷的，一个大鱼缸，她在里面，我觉得都冻感冒了。听说你裸体面对面接受记者采访的时候，记者都傻了，不知道该问什么，最后好像变成你采访这个记者了，是吗？

大鱼缸前，摆着两张凳子，相隔一步之遥。每位找到苏紫紫的记者，在提出采访的同时，也被苏紫紫要求，参与她一个新作品的拍摄。她裸体而坐，记者轮流坐到她对面，向她提问。同时，摄影师从侧面按下快门。

"这个作品的题目叫《记者》，因为你们代表公众，代表一种舆论力量，看你们有没有勇气面对（我的裸体）。"

这是苏紫紫灵机一动的"新实验作品"，记者是其中的一个创作元素。在她的眼中，这个作品表达的含义是"这是我的呼吁，我的呐喊，我希望裸体艺术能被正视"。

有男记者忐忑入座，一时口讷，她单刀直入："我可以洒脱地看着你，你能吗？"

　　数分钟后，这组作品宣告完成，她裸身进入鱼缸继续拍摄。

——《京华时报》

　　苏紫紫：这是个互动过程。你们都认为是这个世界在看我，我引起了围观。其实不是的，我觉得是我在看你们，你们看我是反观自照。

　　窦文涛：我现在就觉得在你的目光下体无完肤（笑）！

　　马家辉：你做裸体模特是哪一类呢？裸体模特有很多类，最普遍的是给大学艺术系的学生当模特。还有一类香港现在很流行，称做"沙龙"，请一个女生坐在床上，然后很多人上前围着她拍照。坦白讲，这种跟艺术没太大关系。

　　苏紫紫：刚开始我不懂，在影棚里被摄影发烧友拍。但我自己明白，艺术和非艺术的区分是一步步才会看清楚，不是一开始就能明辨的。

　　窦文涛：你最早去做裸体模特，是为了谋生吗？听说好像拍一次 500 块钱，但后来你感到有些不舒服。

　　苏紫紫：刚开始是为了谋生。但做了一段时间后，我发现这份工作让我学不到更多的东西了，而且处于一种很危险的状态。比如你坐在这里，人家在哪个角度拍，你控制不了了，因为人很多。有时一回头，发现摄影师已经换了一个地方，我没办法控制。

　　窦文涛：换一个地方不可以吗？

　　苏紫紫：有时我背对着你坐着，他换角度拍可能换到正面。来拍照的人形形色色，有些东西我无法控制，所以做了一段时间就转入自己创作了。

　　做人体模特很辛苦，苏紫紫几乎一整天光着身子坐在满是灰尘的地板上。由于这一行牵扯的利益链比较复杂，她会遇到一些图谋不轨的合作人、摄影师，提出一些非分的要求。

窦文涛：人都决定脱衣服了，还在乎他拍什么？

苏紫紫：我会在乎。

马家辉：当然要在乎。

苏紫紫：要保护自己。

　马家辉：还有拍的人是抱着什么样的心理拍的。拿着照相机付钱找一个女生拍，左拍右拍，有时候还要偷拍，这是种什么心理？一种偷窥心理吧，一种想把男人的欲望强压在一个女孩子身体上面的心理。

　　苏紫紫：我的作品是一种反抗，也是一种疑问。有人说我打了男权社会的耳光，其实我没这个意思，我只是想表达一种观念。

　　窦文涛：你觉得色情和艺术是对立的吗？

　　苏紫紫：不对立，有交界处，因为有一种东西叫做爱欲，我爱一个人，所以我想和他融合，这是很正常的。

色情跟衣服多少无关

　　窦文涛：你是中国人民大学徐悲鸿艺术学院的学生，现在上学一年的学费需要多少？

　　苏紫紫：10800，还需要买材料之类的钱。

　　窦文涛：现在上学这么贵呀？

　　苏紫紫：算很便宜的了。

　　窦文涛：住宿花的钱呢？

　　苏紫紫：住寝室花得很少。后来我搬出去了，搬到东边住了，这个产业在东边。

　　窦文涛：所有这些费用都是你自己劳动所得的？

　　苏紫紫：对！

　　窦文涛：这年头，如果还有人对裸体模特、人体艺术大惊小怪的话，那真是有点 out 了。问题是，做这个事情的人很多，为什么你特别引起注意呢？有人说是高学费逼良为娼。你同意这种评论吗？

　　苏紫紫：我现在已经不再为任何人拍照了，我自己就是创作的主体，就是说身份已经发生了转移。其实做人体模特是很正常的一件事，为什么要被妖魔化呢？ 1912 年，刘海粟老师就在上海美专提倡过这个事情。

刘海粟 (1896—1994) 画家、美术教育家。1912 年 11 月，刘海粟与张聿光等在上海创办现代中国第一所美术学校"上海国画美术院"，并担任校长。由于破天荒地开设了人体写生课，刘海粟被人谩骂是"艺术叛徒，教育界之蟊贼"。

1926 年，刘海粟在《申报》上回复大军阀孙传芳："夫佛法传自印度，印度所塑所画之佛像，类皆赤裸其体，而法相庄严，转见至道。自传中土，吾国龙门大同之间，佛像百千，善男善女低回膜拜者历千年，此袒裸之雕像，无损于佛法。矧今之生人模型，但用于学理基本练习，不事公开，当亦无损于圣道。此二者等自外来，并行不悖，并育不害。"

窦文涛：当时社会思想保守，引起很大争议，后来经李叔同、刘海粟他们倡议，人体模特才慢慢被接受。现在你成了话题人物，媒体报道你们家当时遇到拆迁的问题，你跪在市政府门口半天没有人管，家里生活境况很难。但是你说你不喜欢媒体拿你的贫困来说事——

苏紫紫：很多人会说，既然家里穷你为什么要学艺术？难道人穷就没有权利去追求自己的梦想吗？我在为自己的梦想努力，有什么可苛责的吗？

马家辉：说得太好了！外界说因为你穷所以你要出卖身体，他们把身体的裸露定义为色情，这是认知的偏差，是心态问题。

苏紫紫：如果拿道德标杆来压制的话，这世界上只有两种人存在：窥阴癖和露阴癖。

窦文涛：但假如你处在一个比较好的家庭环境，家里有钱能提供你一切学费什么的，是不是你就不会去做裸模了？

苏紫紫：对。但命运也好，机缘也好，你接触到了它，开始可能是一种很懵懂的状态，但后来我慢慢爱上了这个东西。我觉得没有必要非议，好好做就可以了。

窦文涛：刚我说让化妆师把你画漂亮点，你反而说，做人体摄影的时候不化妆，说要让身体保持一个真实自然的情绪。身体也有情绪吗？

苏紫紫：身体是有情绪的，因为它发乎心。大家都说色情没法界定，其实很好界定，人心里面想什么，从身体上一眼就能看出，有的人就算穿着衣服也很色情。

窦文涛：衣冠禽兽遍地都有（笑）。

苏紫紫：这跟穿衣服的多少没有关系。人全部赤裸的时候，身体和心理会焕发出一种很平静的情绪，是很坦然的，不是色情。

马家辉：不瞒你说，我年轻的时候也在大学当过人体模特。我当时只拍手指，有一个读美术系的同学跟说我，让你的手指温柔点，想象你的手指在跟空气谈恋爱。我想了半天，原来手指也有情绪啊，何况整个身体。

我不要商业大片，不要那些修得无比精致的玩物。我需要的，是生命，我要在镜头前展示的，更是生命。而生命不仅仅是活着，它应当给人们带来直观的视觉冲击，并且，在内心深处，震撼着人们的灵魂。

眼眸是会说话的匣子，只要打开你就能感受到里面晃动着灵魂的影子，一个人的眼神是轻佻还是坚定无畏，我知道大家都能分辨。

——苏紫紫

我本无心但世界有心

窦文涛：你好像在学校办了一个《Who am I》的展览。学校什么态度？

苏紫紫：还是很包容的。什么叫大学？就是一个允许不同声音出现的地方。

窦文涛：周围的女同学什么态度？你跟她们平常一块玩吗？

苏紫紫：她们有反对，我很少与她们一起玩。我比较喜欢跟大龄的人交往，就是忘年交。

窦文涛：没错儿，多跟我们聊聊（笑）。可你毕竟是个中国女孩子，我想知道，一开始你是为了学费，在陌生人镜头面前脱下衣服的时候，就那么容易过心理这一关吗？

苏紫紫：我比较倔犟而且比较好强，我会跟自己说，是你的选择你就去做。

最近尝试了很多不同的拍摄风格，也在深入地挖掘自己。我是谁？我越来越多的质问自己。身体里有很多个不同的自己，它们常常混淆着自己的视听。其实，展览《Who am I》也罢，以后的创作也罢，我都只想弄清楚这个问题——我是谁？

我是我自己，仅此而已。那么什么才是我自己？——不知道，所以需要去寻找，去追寻。

——摘自苏紫紫博客

窦文涛：结果呢，一去不回头了，我看你现在准备以人体艺术为业了，是吗？

苏紫紫：不是，人体艺术只是我的一个媒介，我更多地想通过这些人体艺术作品来反映我一些想法。外界对我的评论，好的坏的我都不回避，全都收集起来。当我想跟这个世界坐下来谈一谈的时候，可媒体却从不同的角度来说我。就是说，我本无心，但世界有心，很好玩！这些评论收集到一定程度后，我想做一个行为艺术出来，到时候可能会让大家很惊讶。

马家辉：你想跟世界谈谈，结果世界只想看不想谈（笑）。

窦文涛：你是学艺术的，好像现代艺术跟出名很有关系。你对出名怎么看？

苏紫紫：到现在为止很困扰，崩溃了。我平时比较宅，在家里是很安静的一个人，但现在各种电话让我不得安生，把我生活的节拍打乱了。

窦文涛：你还是挺单纯的。其实现在对搞现代艺术的有两种看法，一种认为他们搞的就是艺术，另一种认为你要是不能哗众取宠，不能充分吸引注意，那你的艺术也没什么意思。

苏紫紫：不是，艺术一定要能引起人的思考……

爱恨交加"被失足"

在内地，我们现在不叫"妓女"，不叫"卖淫女"，改叫"失足妇女"，这已经是时代进步了。

身在中国社会，不要说男人对性工作者有偏见，即使我身边的很多女人，也瞧不起她们，觉得再怎么也不至于去卖淫。

性工作者也是人，她们一样有爱有恨有期望有挣扎，过着跟我们差不多的精神生活。

窦文涛：马博士饶有兴致地看着坐在对面的这位女士。

马家辉：老朋友了（笑）。

窦文涛：阿姗是香港非常著名的一个关注性工作者权益组织"紫藤"的员工。

吴雅姗：我们有四个员工，很小的一个机构。很多女孩子以为我们在香港全十八区都有办公室，其实没有。

窦文涛：我觉得好像全港的性工作者都依靠你们似的（笑）。

马家辉：她们除了替性工作者维权，也参与不同类型的协会运动。很多场合都能碰到她们，能量很大的！

　　紫藤是1996年由一群关心妇女权益的人士，包括社会工作者、劳工工作者、妇女研究员等组成的。紫藤是一种生命力强韧的植物，用来象征香港20多万性工作者。她们从事世界上最古老的行业，一直遭受世人的唾骂和歧视，得不到应有的权益和保障，长期被社会忽视，无法享有基本人权。紫藤的义工基于一个共识走到一起：不论职业、阶级、宗教、种族、年龄、性向如何，每一个妇女都有权享有基本人权，在法律及其他社会制度前受到公平的待遇，不被暴力侵犯及压迫，有尊严地生活。

"失足妇女"一词饱含歧视

窦文涛：最近中国公安部说，要尊重卖淫妇女的人身权、健康权、隐私权，要做好信息保密，尤其不能辱骂、不能游街，要

尊重她们的权利 [1]。公安部一个领导讲了，说叫"卖淫女"不太尊重，建议叫"失足妇女"好了。

在内地，我们现在不叫"妓女"，不叫"卖淫女"，改叫"失足妇女"，这已经是时代进步了。但是在香港，好像正式的名称是叫"性工作者"，这里面是不是暗含了一种——干这个活非罪，你们这个组织香港政府支持吗？

吴雅姗：政府从来不支持。我们想申请作为一个慈善团体——成为慈善团体可以在香港募款，别人可以捐钱给我们，我们也可以退税。但拖了十几年了，我们怎么申请政府都拒绝。原因很明确，因为我们的服务对象它不喜欢。

窦文涛：看来凡是中国人的政府都不喜欢卖淫嫖娼这个事儿。我们做媒体的也被搞得很糊涂。过去顺着流俗讲"妓女"，他们说你不能讲"妓女"，因为你在媒体上讲"妓女"，意味着国家是认可有"妓女"的，而我们是不能认可的。我说那叫什么呢？他说叫"暗娼"，"暗娼"说明是非法地下的。但是后来你看，一般内地媒体报道都叫"卖淫女"，说"卖淫女"不也等于说有

[1] 2010 年 12 月，公安部再次重申：不得歧视、辱骂、殴打，不得用游街示众、公开曝光等侮辱人格尊严方式羞辱卖淫女。公安部治安管理局局长发言说："以前叫卖淫女，现在可以叫失足妇女。特殊人群也需要尊重。"

卖淫吗？所以现在公安部的态度是，我们要挽救教育这些"失足妇女"——

　　卖淫，这一世界上最古老的职业几乎随处可见。在西方有些国家，性已经成为一种产业，卖淫是"必要的罪恶"，国家设有专门的"红灯区"，妓女拥有营业执照，并定期做医疗检查。

　　1949 年以后，中华人民共和国关闭了所有的妓院，并对妓女进行培训，让她们在纺织业、手工业和其他行业自食其力，"妓女"这个词曾一度在内地消失。但伴随改革开放的进程，卖淫这个行业又重新进入人们的眼帘，而如何称呼、面对这些重新焕发活力的性从业者，一而再、再而三成为大家关注的焦点。

吴雅姗：我觉得"失足妇女"这个词已经很歧视了，里面暗含了觉得她们很堕落，你要救她们或者怎么样。紫藤一个很清楚的立场是，这是一份工作，她们是专业人员。

窦文涛：但是身在中国社会，不要说男人对性工作者有偏见，即使我身边的很多女人，也瞧不起她们，觉得再怎么也不至于去卖淫。你这个小女孩，为了什么去干这个呢？

马家辉：说得好像她是卖淫的一样（笑）。她不是，她是维权的。

窦文涛：你当初为什么愿意做这个工作呢？

吴雅姗：机缘巧合，我开始在 NGO 里面做，去探访她们的时候，她们很喜欢我，后来就做了这个。

窦文涛：是不是有些女孩不是出于压力，而是自觉自愿以此为乐，真心愿意干这个的？

吴雅姗：我认识很多女孩子，其实她们做得很开心。

马家辉：我看过一些研究调查，很多女孩子说，与其叫我去做比如清洁女工之类的工作，还不如做性工作来得快乐。一来我根本找不到那些工作，二来即使找到了，不管工作状况也好，收入也好，都很糟糕，而且也经常面临男上司的性骚扰、性侵犯，有冤无处诉。

最古老的职业最复杂的问题

窦文涛：我一直弄不清楚香港政府的法律对卖淫这个事到底

怎么看。一会儿说不能在街上卖，但"一楼一凤"[1]，在自己屋里似乎是可以。可是有时候又见到警察去抓"一楼一凤"。

吴雅姗：对，香港法律没有明文说它不是违法，也没有说它合法。按规定，卖的一方跟买的一方都没有违法，其实是可以的。"一楼一凤"就是说一座楼里只能有一个女孩子卖，两个就违法。如果你做全身按摩，因为脖子以下膝盖以上有性器官，你要拿一个很贵很贵——差不多一百万，经过很多不同部门审批的牌照，才能碰，否则你只能碰头和脚。

马家辉：法律背后有它的原则，其实很简单。第一，你不能主动到路上去拉客，只能是客人有需要来找你，你是被动的。第二，为什么不准几个人一起来呢？怕背后被黑社会团体来操弄，对整个公众安全构成威胁。

窦文涛：这个问题在全世界都很复杂，一方面，"妓女"最早在古代是"神女"，是人类最古老的职业之一。到现在不管你灭还是不灭，它事实上都是存在的。另一方面，各个国家、各个文化对它的态度又不一样。

[1]"一楼一凤"是香港性工作者的一种提供色情服务的独有方式，因一个住宅单位内只有一名性工作者而得名。据香港法例第200章117条：任何处所由超过两人主要用以卖淫用途即可被视为"卖淫场所"。任何人管理、出租，或租赁卖淫场所都可被检控。为逃避法律责任，而发展出只有一名妓女卖淫的"一楼一凤"，这是香港半公开的卖淫业。

　　画家笔下的巫山神女。"神女"原来指的是"巫山神女",没有任何狎昵成分。而用"神女"来指代"妓女",源于宋玉的《高唐赋》。《高唐赋》中描写"昔者先王尝游高唐,怠而昼寝,梦见一妇人曰:'妾巫山之女也,为高唐之客,闻君游高唐,愿荐枕席。'王因幸之。去而辞曰:'妾在巫山之阳,高丘之阴,旦为朝云,暮为行雨,朝朝暮暮,阳台之下。'"其中"自荐枕席"一句,使得后世称妓女为"神女"。

　　马家辉:支持性工作者维权不等于美化卖淫。

　　窦文涛:你也是女的,你不觉得这些姐姐妹妹很委屈、很受摧残吗(笑)?

吴雅姗：我觉得是不是受摧残跟性工作本身没有关系，跟政策有关，要看执法者有没有尽能力去保护这些女孩子。现在为什么有那么多危险？比如在香港，很多时候姐妹报警，警察看到她是做这行的，根本就不理她。所以有时候姐妹被强暴或者客人做的时候故意脱下安全套，她们去找警察，警察会说，你是做这行的，怎么可能有强奸发生？不受理。

马家辉：她们这个工作本来可以不那么委屈的，比方你可以保护她，甚至立法保障她的最低工资，等等，甚至还可以有专业的训练，公共卫生、个人卫生的处理，让她们成为一个比较平等的、能够被人选择的工作。阿姗她们就在往这个方向努力。

窦文涛：我看家辉也可以加入她们组织了。今天家辉把自己多年的珍藏拿出来了——《我的性活》，性工作者自己出的摄影集。这不会是某次交易的礼物吧，哈哈。

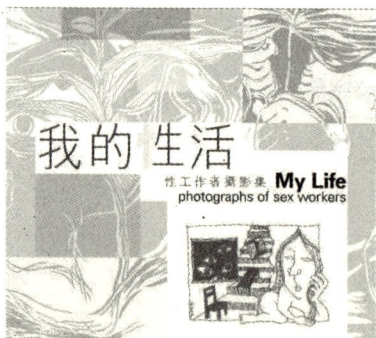

《我的性活》是一本香港性工作者自己拿起相机拍摄的生活和工作影集，2005 年由香港紫藤出版社出版。

马家辉：这是我们的论文题材之一。

窦文涛：有的说我每天都把自己装扮成这样，是希望快点挣钱不用再做这一行；有的说我从来不会欺骗客人，一直诚信待客；也有人说我做这一行是为了照顾家人；还有的呢，表现出一种敬业乐业的态度。这个书的最后，北京大学戴锦华[1]教授说，这不仅是一本影集，这是一次社会行动。香港一位嘉宾施永青说，从这本书的照片和解说可以看到，性工作者也是人，她们一样有爱有恨有期望有挣扎，过着跟我们差不多的精神生活。希望社会给她们跟普通人一样的求生权利，不应该把歧视她们当做理所当然。

马家辉：这段话有点奇怪，是不是说看了这本书才知道他们是人，不然不知道，以为还是人兽夹层啊，当然是人嘛。

我的身体我能真做主?

窦文涛：你跟她们面对面接触，有没有印象很深的人或者故事?

吴雅姗：有一个女孩真的当面告诉我，她做这行很 enjoy，她享受跟不同的客人接

[1] 戴锦华（1959—　）女，现任北京大学教授，主要从事电影史论、女性文学及大众文化领域的研究。著有《镜与世俗神话——影片精读十八例》《隐形书写——90 年代中国文化研究》《涉渡之舟》《电影批评》等。

触、聊天。这对我的冲击非常大，因为来紫藤之前，我跟很多人一样，认为她们一定不开心，或者受到很多压迫之类，很想离开这个行业。可是有一些女孩子真的把自己照顾得很好，做得也很开心。这让我非常惊讶。

窦文涛：真有敬业乐业的。

马家辉：我觉得也不要因此把这个工作美化，她有多舒服，多享受，其实——

吴雅姗：不要讲那么大，很简单，我是不是对自己的身体有主导权？我是不是能自己选择跟谁上床？我怎么利用我的身体？我不去抢劫，客人来找我，我很专业为他服务，他给我钱。

窦文涛：你这种价值观相当李银河啊！（笑）我愿意拿我的身体谋生，愿意选择跟谁发生什么关系，这完全是我人权范围内的东西，这是一种相当前卫的人权理论。

卖淫问题的确涉及人的自由权利问题，但是中国人从来不会从这个角度提出问题，人们在"有权利"和"没权利"这两种看法中，总是习惯于首先接受"没权利"的看法。这是因为我们从一出生，就生长在一个很多事都没有权利的环境中，所以习以为常，不会再按照"有权利"的思路去想问题。不信你问一个人"人有没有权利按自己的意愿处置自己的身体"，大多数中国人的第一反应准是"没有"。

——李银河

马家辉：可是在西方，这个问题还有很多要争议。举个例子，全世界法律都不允许人为了金钱去出卖自己器官。给我 5 万块我把肾卖给你，给我 10 万块我把心脏卖给你，全世界法律都阻止，不可以的。基于宗教的理由、道德的理由、公众安全的理由——

窦文涛： 或者是引发犯罪的理由。

马家辉： 对，所以这不是一句"我的身体我有主权，你不能管"可以概括的。

窦文涛： 你去接触这些女性时，有感觉到很多人真的是谋生艰难吗？盼着挣够了钱早点脱离这个行当，我觉得这是很大一部分人的心声吧。

吴雅姗： 你在短短几年之内能赚到多少啊？ 100 万？ 200 万？在香港你要赚多少才够啊。

窦文涛： 看来要干到老了。

吴雅姗： 常常有人叫她们去转行，天啊！你有什么行给她转啊？现在大学生出来也找不到工作。

窦文涛： 没错儿，隔行如隔山。一个人一辈子精通一件事就很难了。她们男朋友怎么想？

吴雅姗： 她们不能讲给男朋友跟家人听，有些知道了，立刻就把你赶走了，跟你离婚，根本没有这个空间让她坦白。

窦文涛： 你感觉应该呼吁老公宽容一点，允许老婆以此为乐，对吗？

吴雅姗： 不是。姐妹那么辛苦，也是为了要改善家里的生活。

窦文涛： 老公应该心领，是吧。

马家辉： 有人说，要改善生活，根本不需要把性工作作为一个选择嘛。可是话说回来，我对香港"一楼一凤"还很有感情的。

窦文涛：是，常去嘛。（笑）

马家辉：不是，我小时候就住在她们隔壁，印象深刻从早到晚都有人上来按门铃，有的按错我家的，我就打开门看看。那种感觉很微妙，还记得有一年冬天我出门吃宵夜，刚好隔壁那个姐姐也出来，看着我，拍了一下我的头，我戴眼镜嘛，"四眼仔，我今天没有生意，怎么办？"我的心那个跳啊，没有生意怎么办，我没有钱啊，不能来帮忙……

"性示众"反人性

过去古人说"威与信并行","威""信"不是孤立的，是并行的。"信"是指信誉，一个政府要建立威信，信誉要起作用，光说"威"，说话不算数，以后没人信你的。

我相信所有骂大街的人，一般情况下道德水准都是低下的。

从古罗马时期一直捋下来，通奸的罪与罚可以说是现代文明的一个界限。认为通奸是犯罪的是野蛮法，认为它不是犯罪的，是文明法。

窦文涛：今天马爷来了，不光看古董，也请您观察一下世相百态！咱先学点法规，《治安处罚法》第 80 条规定，警方在办理治安案件时，应对个人隐私予以保密。结果最近东莞清溪镇派出所抓了两个卖淫女，居然将卖淫女示众，有人把照片都传网上了——

许子东：脱了鞋子，赤着脚。

窦文涛：派出所方面解释说，不是示众，是让她们指认现场。

2010 年 7 月，广东东莞警方开展扫黄行动，其中一组卖淫女赤脚游街的照片在网上引起热议。照片上，两名穿着时尚的涉嫌卖淫女，不但赤脚，且戴着手铐，背后还被细绳牵着。照片流到网上后，立刻引起网友热议，认为这种行为太过分。之后，东莞警方发言说，网上所流传的照片并非"游街"，而是指认现场，"我们确实有不妥之处，早已经进行整改"。

窦文涛：而武汉警方说了，我们不会这样。因为此前报道，武汉警方要把卖淫嫖娼人员的名字公布[1]。后来进行网上调查，超过一半的人认为公安这么干不对，应该给人家留一份尊严，不能这样子埋汰人！

马未都：这事儿还算治安案件吧，不能算刑事案。

窦文涛：那当然。

马未都：所以更应该保护人的隐私。像刚才那种牵着绳子游街，实在太过分了！就算指认现场，也犯不着用那么长一根绳子！要是怕她跑了，可以用手铐啊！按理说这样的女犯人，必须要有女警察跟着的。

许子东：我想起了伊朗妇女通奸那件事[2]。按照他们的法律，要把她埋到土里，每个人朝她丢下神圣的一石，丢死为止，这是为了起到教育群众的作用。这件事后来在国际上引起抗议，最后伊朗方面说，我们不用丢石子的方法处死她了，但她还是要死。

所以在现在网络发达的情况下，这种画面有时候起的作用是群众道德专政所预想不到的。2006年深圳有个村庄——

窦文涛：二奶村？

[1] 2010年7月，武汉市某分局警方"扫黄打非"之后，贴出公告，公布了查获的卖淫嫖娼人员姓名、年龄和处罚措施。此举很快遭到人们质疑——这是否有侵犯他人隐私之嫌？

[2] 伊朗43岁的寡妇阿什蒂亚尼因与两名男子发生性关系，被伊朗法院以通奸罪判处"石刑"。这一判决遭到国际社会广泛批评，伊朗政府决定暂缓对她实施石刑。

许子东: 不能这样叫,就是"城中村"[1]
(笑)。这个村之所以出名,是因为扫黄之后,
让全部涉黄人员穿着黄衣服排队示众。

窦文涛: 啊?!

许子东: 1988 年公安部、最高法院、
最高检察院专门出了一则通知叫《关于坚
决制止将已决犯、未决犯游街示众的通
知》,如果警方采用这种方法,领导人员要
负责任。

> 各地公安机关、检察机关和审判机关务
> 必严格执行刑事诉讼法和有关规定,不但对
> 死刑罪犯不准游街示众,对其他已决犯、未
> 决犯以及一切违法的人也一律不准游街示
> 众。如再出现这类现象,必须坚决纠正并追
> 究有关领导人员的责任。
>
> ——《最高人民法院、最高人民检察
> 院、公安部关于坚决制止将已决犯、未决犯
> 游街示众的通知》(1988 年 6 月 1 日)

从民到官"道德审判"

马未都: 一开始,我看到这张图片,以

[1] 指的是深圳市上沙、下沙、沙嘴三个城中村,由于紧挨香港,很多香港人到这里包养年轻的女孩子做"二奶",这几村又被人称为"二奶村"。2006 年 11 月,扫黄之后,深圳市福田公安局对这几个村抓获的近百名涉黄者召开了一场公开处理大会,遭来许多群众围观。所有涉黄者都穿着特定的黄色衣服,带着口罩,排队示众,引发热议。

为谁在恶搞，不相信这是真事儿，尤其不相信发生在今天。今天的司法相对来说比过去健全多了啊，公安人员应该有这个意识，居然还出现这种事，让人震惊！

窦文涛：其实从官到民都有一种意识——"道德审判"，对待伊朗妇女的办法不是《圣经》里写到的场面吗？一群人拿石头砸一个妓女，耶稣说你们谁没有罪，谁就可以用石头砸。

《圣经》中记载了这样一个故事：一个妇女正在行淫之时被人抓获，按犹太教法律这妇女必须用石头打死。法利赛人把她带到耶稣面前让耶稣作判决，耶稣说："你们中间谁是没有罪的，谁就可以先拿石头打她。"他们听耶稣这样说后就一个一个地走了。

邵燕祥于1992年写《〈圣经〉拟作》一文，为这个故事戏拟了一个中国版本：听完耶稣的话后，从老到少面面相觑，他们自知都是有罪的。一个长胡子的法利赛人站出来说："谁用石头打她，就能证明谁是没有罪的。"于是他们一个一个争先拿石头打那妇人。

许子东：这是人类非常古老的议题，怪不得过几年就会重现。

窦文涛：那天我看到沈从文写他们乡里的陈规陋习——女人跟人家通奸，半夜村里执行宗法的老人们，坐着一条船，把这个女人剥光了衣服，放在一个篓子里，篓里面放着石头，划到一个专门沉塘的地方丢下去，无声无息，水面平息，这女人就沉在里面了。

一些年轻族中人，即在祠堂外把那小寡妇上下衣服剥个精光，两手缚定，背上负了面小石磨，并用藤葛紧紧把石磨扣在颈脖上。大家围住小寡妇，一面无耻放肆地欣赏那个光鲜鲜的年轻肉体，一面还狠狠地骂女人无耻。小寡妇却一声不响，任其所为，眼睛湿莹莹地从人丛中搜索那个冤家族祖。

到了快要下半天时候，族中一群好事者，和那个族祖，把小寡妇拥到溪口，上了一只小船，架起了桨，沉默向溪口上游长潭划去……

老族祖貌作雄强，心中实混合了恐怖与矜持，走过女人身边，冷不防一下子把那小寡妇就掀下了水。轻重一失衡，自己忙向另外一边倾坐，把小船弄得摇摇晃晃。人一下水，先是不免有一番小小挣扎，因为颈背上悬系那面石磨相当重，随即打着旋向下直沉。一阵子水泡向上翻，接着是水天平静。

——沈从文《巧秀和冬生》

窦文涛：你看，一种思维方式，从官到民都是相通的。"二战"之后意大利也出现过这种情况，人们把德军占领期间陪德国军官睡过觉的妓女揪出来游街，往她们身上吐唾液。电影《西西里的美丽传说》表现的那个场面触目惊心！这种道德的理由是什么呢？一个人做了坏事，他就全坏，就该被踏上亿万只脚，永世不得翻身？可是按照法律，你有罪，该判几年判几年，除此之外，你一样有身体权利。

马未都：罪与罚相当！

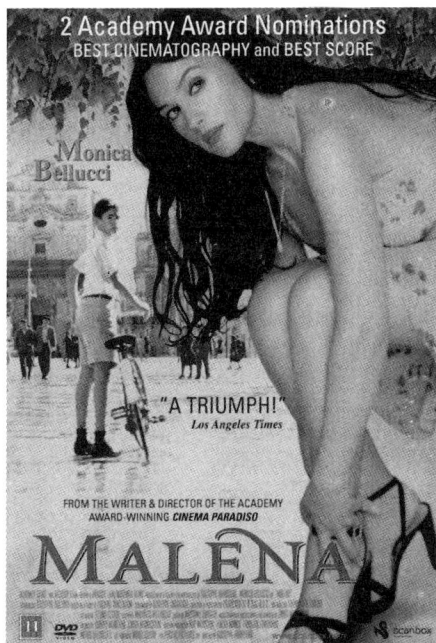

　　《西西里的美丽传说》是意大利导演朱塞佩·托纳多雷执导的电影，莫妮卡·贝鲁奇主演，讲述"二战"时期在西西里岛的小镇上，美艳动人的妇人玛莲娜是镇上所有男人心中的梦中情人。战争爆发后，玛莲娜的丈夫上了战场，玛莲娜成了独居女人。由于嫉妒和流言，她被送上法庭，失去了生活来源，不得不靠出卖肉体来维持生存，甚至成为驻扎西西里的德国军人的玩物。西西里解放后，嫉恨的女人在大庭广众下疯狂地围殴羞辱玛莲娜，把她赶出了小镇。而她的丈夫却意外归来，与玛莲娜重归旧好……

以道德的名义骂街

窦文涛：好比那个很有名的案子——"局长日记"[1] 一查出来，OK！检察院说了，香艳部分我们不管，我们只管他是不是贪污，贪污的话根据他贪的额判刑。可如果较真儿的话，韩峰肯定受到了一些额外的惩罚，这笔账谁来算？谁来负责？而且个人日记被公开到网上，也是对公民隐私权的侵犯。

许子东：这案子牵扯到几个跟他有关系的女的，她们的名誉又怎么办？

窦文涛：韩峰还可以起诉散布人精神诽谤或精神伤害，但这些女的要去找谁？谁是加害者？

马未都：过去古人说"威与信并行"，一个政府要建立威信，信誉要起作用，光说"威"，说话不算数，以后没人信你的。然后，还要"德与法相济"，道德和法律是互相补充的。今天在法律健全的过程中，道德的力量显得比较大，但一旦控制不住就会坏事。网络就有点控制不住，一件事只要在网上一忽悠，你看吧，马上什么舆论都有！有评论的，有骂大街的，完全处在失控状态！

[1] 2010 年 2 月，一部被认为是广西某市烟草局局长韩峰的日记被各大网站疯传，日记中记录了该局长以喝酒和玩女人为主的工作内容。事件之后，韩峰以受贿罪被判处有期徒刑 13 年，并没收个人财产 10 万元。此次事件被称为"日记门"。

窦文涛：网上骂大街骂得最激烈的人，他站的立场都是道德高调。

马未都：我相信所有骂大街的人，一般情况下道德水准都是低下的，这样的人才会去骂别人的大街。

窦文涛：都是以道德的名义骂别人的大街（笑）！

许子东：如果一个淫妇在街上被拖出来，很多女的就出来对她吐口水，其实她们是做不成淫妇或者差一点做了淫妇的，要显示她们的贞节！她要宣泄自己的犯罪感，所以投射到对方身上。其实，人类文明是一个监狱的历史，是怎么对待、处置敌人的历史。

窦文涛：而且咱们还有一种把跟性相关的事罪恶化的习惯。卖淫女可以示众，那贪官为什么不游街呢？到底哪个罪更重呢？2006 年网上闹过一个"铜须门"[1]，让我觉得现在的社会很荒诞。

"锋刃透骨寒"在网上发帖，说他老婆玩网络游戏，跟一个叫"铜须"的网友有奸情，他把老婆跟"铜须"的聊天记录都发到网上，然后引发人肉搜索，万炮齐轰！所有人的潜在道德观都说这个"铜须"不是人，

[1] 2006 年，一名"锋刃透骨寒"的 ID 在猫扑上发贴自曝，说他结婚六年的妻子与同玩魔兽世界的"铜须"发生一夜情行为，引发网众关注。互联网的人肉搜索开启，有人人肉到"铜须"的真实身份，并在现实中对他进行了恐吓和骚扰。"铜须门事件"成为 2006 年互联网大事之一。"锋刃透骨寒"发完后续的两个帖子之后，也消失了。在《最后声明》中他说，一切文章和我公布的 QQ 聊天内容等多为杜撰，游戏已经结束，各位爱 YY 的继续，本 ID 人间蒸发。

玩人家老婆，最后搞到"铜须"只得退学、休学。后来什么结局？"锋刃透骨寒"又发了一帖，说一切文章和对话全是杜撰的，本ID从此消失。

许子东：玩了大家一把（笑）！这个把女人用绳子拴起来的新闻，让我想起鲁迅写的阿Q，阿Q什么男人都打不过，只会欺负小尼姑。

马未都：我年幼的时候看过的场面比这还火！那时候叫"自暴自弃"，女的跟人通奸以后，脖子上挂两只破鞋——

许子东：王光美都挂过乒乓球[1]。

马未都：——然后拿一个锣，在马路上游街，还有人押着你，那叫一个迫不得已！早上八点出去，晚上六点回来，一边游街还要一边喊"我是破鞋！"这给我留下的印象极深，对人性的戕害到了极点！

把性罪恶化源于压抑

窦文涛：我有一个很阴暗的感觉，施加这些事的人，性欲超强（笑）！

马未都：你错了，超弱！

[1]"文革"期间，在江青的指示下，王光美曾被红卫兵极尽羞辱——戴上一串用乒乓球串成的稀奇古怪、丑陋不堪的项链，拉到广场上进行批斗。

许子东：能力超弱，性欲超强！所以变态发泄，对男人不管用，就欺负小尼姑！

马未都：往往欲望很强、能力很弱的人，内心就特别坏。

窦文涛：这骂谁呢（笑）？中世纪基督教把性罪恶化，甚至做爱也只能采取传教士体位[1]。但是古罗马社会曾经淫荡过一阵，到后来为什么收紧了？学者认为有两点原因，一个是性嫉妒，一个是性疲劳。性嫉妒咱能理解，实施这种性打压的人，都是些道学家、伪君子，整天就知道去监管人家男欢女爱。性疲劳呢？倒不见得是性无能，是真疲劳了，疲劳之后觉得整个社会不好全是因为性。

许子东：我觉得不是疲劳，是压抑，所以产生了变种的东西。像武汉那次公布的卖淫嫖娼名单，当初是贴在墙上的，像大字报一样，引来许多老百姓围观。媒体采访老百姓都拍手称快，甚至有老大爷说这些人早就应该曝光了。

对这次实名制公告嫖娼卖淫人员，陈家湾居民纷纷叫好。

老刘一边看公告一边摇头，几年来，他

[1] 传教士体位是男女性交的一种姿势，传教士体位的称呼源自19世纪，当时的基督教传教士认为男性在上的体位，才是最自然且最适合性交的姿势，这些传教士也劝其他国家的信教者，不再使用类似其他动物交配的姿势进行性行为，因而得名。

一直为陈家湾涉黄的不良名声感到羞愧。他说，正是这些人员及靠此赢利的"缺德分子"让陈家湾蒙羞，"卖淫太可耻了，就该实名制，让人们都鄙视他们！"

商户王女士看着公告上的名单说，廖某年仅20岁，太年轻了，小小年纪就不学好，做出这种可耻事来。她希望警方加大力度净化环境，同时也对年轻人进行教育。

——新华网

马未都：这是围观的人没赶上事儿，要是他赶上跟名单上的谁重名，那就说不清楚了。所以，这种信息公开对公众来说，可能是一个想象不到的伤害。

许子东：这些围观的人，用鲁迅的话叫"庸众"，他们之所以麻木，就是因为他们认为这个人跟自己没关系。

窦文涛：围观的心理总是简单粗暴的，要是发生在他自己朋友身上就不一样，比如他朋友遭遇了婚外恋，他就能充分明白，婚姻关系是多么的复杂！多么的不容易！不管是选择了老婆，还是选择了情人，他都会予以深深的同情和理解——（笑）

通奸的罪与罚

马未都：从古罗马时期一直挺下来，通奸的罪与罚可以说是现代文明的一个界限。认为通奸是犯罪的是野蛮法，认为它不是犯罪的，是文明法。我们的法律中通奸不算犯罪，算犯法，属于治安处罚条例[1]。所以从法律角度看，我们社会大大地进步了。过去通奸可是要劳改的，是流氓罪——

许子东：现在这个罪已经没了，就只剩个聚众淫乱罪。

窦文涛：马尧海[2]换偶那个案子就被判以聚众淫乱罪。可我认为马尧海还受到了其他惩罚，比如个人隐私被泄露在网上、失去工作等，这些多余出来的惩罚怎么算呢？没人管。

马未都：这事一定得到了极限，才会有人去管。大家都认为这种伤害不算什么，你犯了一个罪，得把所有罪过都担当了，谁让你当初犯罪呢，对吧？

窦文涛：所以，理性能力其实说起来也很简单，就是把一件事和另一件事分开的能力。但是当人扎成堆，或者你在情绪狂热的人群当中时，太容易被忽悠、感染了。

许子东：不过游街那个事，大部分网民都认为不合适，说明我们的社会在进步。

窦文涛：人心都是肉长的，你自己掂量掂量，一个女孩子，因为这点事，被牵着像一条狗一样——

许子东：要是让妈妈看到——

窦文涛：人家以后怎么嫁人……

[1] 现在我国最高人民法院和最高人民检察院根据《刑法》而规定的几百个罪名中，没有"通奸罪"这一罪名。除非特殊情况下，比如"破坏军婚罪""强奸罪""重婚罪"等。

[2] 马尧海一案详情，见第四章《都是换偶惹的祸》《婚姻里面"性"解放》。

只
谈
风
月

Chapter **2**
食色性也

食色性也。仁，内也，非外也。义，外也，非内也。

——《孟子·告子章句上》

为了报仇看 AV

香港重拍《肉蒲团》，找不到出色的演三级片的女演员，结果就找了日本的 AV 女优来演。中华崛起于世，在世界 AV 工业里完全没地位。

可是另一方面，你看全中国遍地都是足浴啊，桑拿啊，夜总会啊，还有那些跟性有关的新闻铺天盖地。这是个什么道理？

你不懂中国国民享受日本 AV 业是什么心理，是有报仇心理，报抗日战争之仇！

窦文涛：今天我这小平头儿也立起来了啊。文道，你想立还没得立呢（笑）！

梁文道：（附和）对，没得立！

窦文涛：这不新年了嘛，最近网上有段视频，不晓得什么地方一帮小学生，全站在教室里，集体朗诵一首诗。男的念一句，女的念一句，大伙儿一起齐声再念那种。我小时候也搞过类似表演，声音此起彼伏的。

梁文道："西方的价值观，这时候就像大雪一样飘零散落"……"地震震垮中国了吗？"全体同学都说"没有"，"但是我们震垮了萨科齐的脚步"。这东西我一看，哎呀，这是 AV 啊。

窦文涛：啊？ AV ？

梁文道：成人录像嘛。为什么像？因为色情电影的核心在于"意淫"。以前鲁迅就老讲，中国人好"意淫"，喜欢这种东西。

甲：大雪，像西方的价值观，自由地飘洒，

乙：漫天哀愁，一地冰碴！

甲：中国退缩了吗？

全：没有！奥运成功了！我们胜利啦！

甲：炎黄坚毅的热血，如炽烈的圣火，燃烧灰暗的世界。

全：万里江山，又嵌上五彩的画夹！

甲：地震，像萨科齐的立场，用猥琐的伎俩，摇晃着巍巍中华。

甲：中国退缩了吗？

全：没有！神七飞天了！我们胜利啦！

——小学生朗诵

饭岛爱影响有多大

窦文涛：李敖说，过去国民党"手淫台湾、意淫大陆"。"意淫"从贾宝玉就开始了。我跟你说，"意淫"是快乐无比的（笑）。

许子东：鲁迅说是嘴巴会半开半闭，我后来看电影的时候观察了一下，还真是这样。

梁文道：观察得很仔细呢。

窦文涛：搞文学的！文道，你都当了和尚了，还在这儿 AV，还在这沉痛悼念饭岛爱，饭岛爱跟你什么关系啊？

梁文道：（唱）我的青春小鸟一去不回来。我跟朋友聊，大伙儿有个争论，就是说饭岛爱老师对中国年轻人的影响到底有多大？

窦文涛：很多人比如我父母还不了解她。

梁文道：饭岛爱老师呢，可以说是日本 AV 史上的奇葩。

许子东：是玛丽莲·梦露这样的地位。

梁文道：对，她是上世纪 90 年代很红的一个 AV 女星，但是最近倒毙家中，死了，非常惨，警方严重怀疑可能是自杀。她特别在哪儿呢？她不止演 AV 那种电影，这个产业很残酷，20 多岁就显老了，所以后来她退出江湖，改做了我们这行了！

窦文涛：真的？

许子东：不仅是老师，还是同行。

梁文道：是谈话节目主持人，说起来我们还有同行之谊啊（笑）。

饭岛爱（1972—2008），日本艺人、前 AV 女优，1992 年参加电视台深夜节目《东京情色派》演出，自掀裙子露出丁字裤，一举成名，从此踏入演艺圈。2008 年 12 月 24 日被发现死于东京家中。

窦文涛： 从脱衣秀到脱口秀了嘛。

梁文道： 对啊，然后这个节目做得还很火，后来还出了一本自传，看书名你就知道她是聪明人——《柏拉图式性爱》。

窦文涛： 哎哟，这书我看过，一个字儿不少看完了。饭岛爱讲她的性经历啊，我跟你说，就是日本很多五六十岁的男人怎么跟她发生——许老师你皱什么眉头啊？

许子东： 我不知道（笑）。

窦文涛： 细节下来再跟您说吧。

梁文道： 反正读过就知道这是个很聪明的女人。她在台湾上蔡康永的节目，蔡康永问，饭岛爱老师，这本书你是口述、别人代笔还是怎样？你知道她怎么回答？她说，蔡先生，您是不是怀疑我不像是一个能够写书的聪明女人呢？厉害（笑）！

窦文涛： 奇女子啊（笑），才36岁——

AV 是一种亚文化

梁文道： 我的 AV 岁月比一般人开始得早，大概十一二岁就开始。终结得也相当早，上大学一二年级就已经不看了。

窦文涛： 我正相反。我说为什么现在文道修行，说禁欲、断欲——

许子东： 被 AV 害的（笑）！

窦文涛： 广大女观众很伤心，对吧？但是他能断成，我跟你讲啊，是因为他年少时候太过度了，不像我，我小时候在内地长大，那个时候我们的性压抑达到了极其残忍的地步，所以为什么我现在赶快弥补年轻时候——

许子东： 厚积薄发。

窦文涛： 没错儿。我跟你说，别小看 AV，三百六十行，行行出状元，对吧，饭岛爱也是……现在叫多元文化并存，她算是一种亚文化、次文化。

许子东： 现在很多人怀念她。

梁文道： 很多人怀念。我才发现原来内地很多年轻人也看她，其实他们的年龄差了一代。有一个网友写了这么一段东西，叫做

"沉痛悼念饭岛爱同志"。他说："今天，我们怀着极沉痛的心情，怀念日本伟大的教育家、亚洲热血中青年们的最高精神领袖、AV业的卓越领导人饭岛爱老师。几天来，亚洲热血中青年们都为饭岛爱老师逝世，感到无限的悲痛……"

然后他描述她出道的过程，"饭岛爱老师 13 岁那年，正逢全球金融危机，日本国内经济形势严峻，万恶的日本政府又和房地产开发商、日石油、日石化、日电信等邪恶垄断集团狼狈为奸，搞得是民不聊生。看着在水深火热中的日本老百姓，出身于普通家庭的 13 岁的饭岛老师毅然选择和男朋友私奔，走上了革命道路"，然后"经历了千辛万苦，她终于成为 AV 业女王，造福着全亚洲热血中青年。她的一位中国骨灰级 FANS 刘二胖先生曾经这样评价道：自从小爱的 AV 广为流传以后，我国的新婚夫妇由于缺乏性知识不能圆房情况逐年减少，爱老师真是一位了不起的教育家"。

但是最后很悲惨，"2008 年，金融危机再次席卷全球，日本国内经济形势再次严峻，万恶的日本政府再次和房地产开发商、日石油等邪恶垄断集团狼狈为奸。看着在水深火热中的日本老百姓，饭岛爱老师在平安夜选择了用自杀的方式唤醒民众，对抗这个万恶的社会。饭岛爱老师永垂不朽！"

窦文涛：他也宣泄一部分社会情绪啊，所以其实风花雪月有它很重要的社会功能。

许子东：被你们讲得我要找个片子来看看了（笑）。

《肉蒲团》找日本演员

许子东：香港不是重拍了《肉蒲团》嘛，可是选角的时候，找不到出色的演三级片的女演员。

这么大的中华世界，没有人愿意投入去演，最后拉了两个日本 AV 女优来演。中华崛起于世，在世界 AV 工业里完全没地位，人人不耻于入这行，入了以后也难转正，对不对？可是另一方面，你看全中国遍地都是足浴啊，桑拿啊，夜总会啊，还有那些跟性有关的新闻铺天盖地。这是个什么道理？性的问题怎么变得这么两极！

梁文道：您把这个问题提升到了民族产业存亡的高度了（笑）。

窦文涛：我们要靠这个拉动内需吗？

许子东：已经拉动了，你知道中国现在的内部模式，全世界没有的，奇观哪！

窦文涛：所以我跟你讲，中华民族的文化是非常好的，讲诚信啊。但是也有一个很大的毛病，就是说一套做一套，很多问题名与实脱节，脱节之后信任就没有了。比如像我，现在谁忽悠我我也不答理。

许子东：信任出问题，或者说一套做一套，可效果好啊！比如现在一些人，都正儿八经讲中国模式、中国道路，不理西方自己走。因为以前不自信啊，从上到下学西方，讲到民主、选举总有点气不顺。可是现在你看，危机我们也能处理，雪灾啊、地震啊处理得比人家还好。奥运金牌我们还拿第一。人家金融大风暴、海啸的时候，我们这里却是世界上头一支健康力量啊。所以有人说，别讲那么多什么什么东西，效果好，自信就上来了，这是一个事实嘛。

看 AV 有报仇心理

梁文道：不过还是有很多危险，像现在很多民工都回乡了，因为工厂垮了嘛，我们需要经济转型。AV 这个产业，明明我们一出门就看到足浴、按摩、夜总会，里头是什么东西大家心照不宣，可是在电影、电视这种公开媒体上面，我们又都觉得这些是淫秽的东西，不能碰。稍微像汤唯那么露一露，也不行，不是吗？所以你怎么搞呢，放着一块大市场，我们中国 13 亿人口居然给日本 AV 业征服了。日本虽然少了一个饭岛爱老师，但是人家精神永垂不朽，前赴后继啊，后来者蒸蒸日上。

许子东：你不懂中国国民享受日本 AV 业是什么心理，是有报仇心理，报抗日战争之仇！

梁文道：我知道。而且我们怎么看到这些 AV 呢？没人是买正版吧，所以挣钱的还是我们自己人嘛。换句话说，我们翻版——

许子东：搞垮人家的 AV 产业（笑）。

窦文涛：他那 AV 没什么了不起的嘛，我们要弄就弄轰动世界的！咱弄的那叫真人秀、"艳照门"，哪个 AV 比得过咱这个影响啊？

李安执导的《色·戒》上映后，因在片中出演几段全裸的激情戏，汤唯在收获了名气的同时，也招来"封杀"。直到 2010 年 4 月电影《月满轩诗尼》上映，汤唯才一点点从"封杀"的阴影中走出来。

梁文道：对，没错儿。

许子东：日本也纷纷流传。

梁文道：所以看起来我们 AV 产业的发展，明天还是很有机会的……

"艳照门"看的是名人脸

我觉得网络老登这种照片，就是为了让人看到人的真相——他也是人，发育得很正常，跟你我一样，你也这么干，那你为什么要看？所以大家看的其实是那张脸。

现在新技术的核心理念是分享，你在下载的同时也在上传，下载上传合二为一，那么你是观看者呢，还是传播者？

咱们这个社会有很多人存在着一种所谓的"正确"的价值观。男女成年人在卧室里自愿拍照，想怎么玩就怎么玩，这是人权！但是传统道德下很多人觉得这么玩就叫骄奢淫逸，就叫荒淫。

窦文涛：今天谈"艳照门"之前，咱先说好了，真不是我要招事儿啊，而是家家户户都在陈冠希（笑）！

许子东：是，这么大新闻，如果咱没讨论，好多人都会问，《锵锵三人行》这次怎么这么干净啊？不配合主旋律啊！

窦文涛：看来这是许老师感兴趣的话题，哈哈。本来咱是想回避的，后来说是回避不了了，甚至说这事儿现在成了文化研究课题！

许子东：准备开课了。

吴淡如：其实它是一个很好的教材——

许子东：香港连续半月都是头版头条。史上最多人观看的生殖部位，这是史上从来没有过的（齐笑）！

吴淡如：台湾没那么多头条，只在影剧版出现过几天。不过台湾媒体都是跟着香港走的，香港说什么，大家就一起跟着说什么，都是在洒狗血，乱编。我倒知道我所有的朋友，不管什么年龄，只要是男性，人手一张DVD。

高科技挑战道德底线

窦文涛：据说香港报纸做调查，四成的中小学生都看过了。而且你知道女性开化到什么程度？那天我到一个模特朋友家，一堆人挤电脑那儿，我说你们干什么呢？她们说，这些照片不是总共几百张嘛，到底里头的男性器官是不是一个人的呢？一堆人在电脑面前对比！

吴淡如：你看到女性在对比的时候，心里感觉如何？

窦文涛：我问了一个漂亮模特，开玩笑说假如我是一个流氓，手头有你这些照片，胁迫你跟我上床，你要不从，我就把它发出去，你怎么办？她想了半天，最后说，"我宁愿从了你"（笑）。

许子东：因为这一个出去影响没法弥补！

窦文涛：对。

吴淡如：我就觉得不应该理，因为从了一次，可能就要从一百次，他永远可能发出去的。

窦文涛：那是盗亦无道（笑）！

许子东：报纸消息都在谈法制问题。传播的那人被告上法庭，虽然最后判他无罪，但法官还是谴责了他。如果是在台湾，依照电脑资料处理法，只要你没经当事人同意散播，就是有罪的。香港警务处这次有人出来说了一句话，说上载是犯法，你在家里看也是犯法。结果很多人抗议——

窦文涛：游行了！在家里看不能算犯法。

许子东：一种新的科技出来，就会挑战人们的道德底线。

窦文涛：内地法律不同。据说整个春节，广东公安厅上百个网警在那儿删，说春节你们过年，我们日夜不停不眠不休地删（笑）。说到新技术，现在新技术的核心理念是分享，你在下载的同时，也在上传，下载上传合二为一。那你到底是观看者呢，还是传播者？

许子东：你知道《亚洲周刊》写了一篇文章，标题叫什么？——《上载欲望，下载权利》。

香港在一夕之间成为网上的欲望之都，从香港上载的欲望，在全球各地下载。当香港的网志（博客）及网民被当局严查之后，其他城市的网站和伺服器，又会把那些被禁的映像"回传"到香港。

这就是网络世界的特色。当香港成为欲望夜色中的月亮，网络的天空却如繁星点点，每一颗都发出异样的光芒，照亮了月影迷蒙之处。

这也使这次欲望风暴成为一场恍如行为艺术的戏剧，上演"集体偷窥"（collective peeping Tom）的剧目。那些被盗来的映像一旦上网，就会被不少网民视为自己"知情权"的一部分，是网上行为法则中"不可让渡的权利"（Inalienable Rights）。他们不管这是否侵犯了当事人的隐私权，也不管公权力如何用种种严峻执法来阻吓，就是要把上载和下载进行到底。

——邱立本《上载欲望，下载权利》

艳照看的是名人脸

窦文涛：淡如，这事儿给你们女的造成了什么冲击？

吴淡如：其实没什么冲击。我这人很道德，哈哈，之前台湾不是有璩美凤[1]

[1] 璩美凤，台湾政界、媒体业人士，曾担任记者、电视节目主持人、台北市议员、新竹市政府文化局局长、澳亚卫视主播。2001 年 12 月 17 日台湾《独家报导》杂志报道其与有妇之夫曾仲铭有染，并随杂志附送两人长达 47 分钟的性爱偷拍光碟。

事件嘛，我发誓到现在都没有看过 DVD，虽然别人给我很多片。这次我本来也不打算看，可是因为你们的节目要讨论——

窦文涛：敢情是我们的节目让你看的啊（齐笑）！

许子东：对不起，污染了你。

吴淡如：现在不要讨论任何道德法律的问题，我有罪，我看了。

窦文涛：没事儿，看的人多了（笑）。

吴淡如：我说真的呢。我觉得陈冠希拍的时候，只是在模仿日本 A 片，日本 A 片基本上已经统治了亚洲的次文化。

许子东：摆姿态什么的。

吴淡如：对！而且他的女主角都比日本 A 片里的还漂亮，这一点你要承认吧。

窦文涛：身材很劲（大笑）！

吴淡如：对，而且男主角身材也不坏，对不对？所以其实整个看起来——

许子东：画面不错是吧（笑）。

吴淡如：如果这些都是当事人主动要曝给你看的，那可以说还是蛮艺术的。我觉得大家不应该用抓女巫的心理，好像一定要把这些人的伪善、心底的恶魔抓出来不可，指责她们装玉女什么的！其实她们都是受害者。

　　有性行为就不清纯？有性行为就不能代言清纯产品？这种想法很荒谬。中国一些网民认为做爱是件丑事。他们的逻辑是：既然你让人看到你出丑，你就不是好人。但是他们自己也做爱。他们的精神太分裂了。

——李银河评价"艳照门"

窦文涛：是，一开始我也这么想，后来去民间一私访，意见多了之后我自己也有点混淆。我觉得网络老登这种照片，就是为了让人看到人的真相——他也是人，发育得很正常，跟你我一样，为什么大家趋之若鹜呢？包括像璩美凤，那都是很正常的性行为姿势啊，没什么新鲜的，你也这么干，那你为什么要看？所以大家看的其实是那张脸。

吴淡如：名人啊！

窦文涛：因为有那张脸才想看的！就像我有一次上男厕所，有个观众在旁边一块儿小便，他一看，说："哎？窦文涛！"他其实是要看看我这个长什么样儿（笑）。

吴淡如：他看了他也没犯法，可如果他把你照下来曝在网络上，他就是犯法的。

敢情是玩法上有争议

许子东：我这次从上海到香港，发现两边态度不一样。在香港，大家的基本共识是这些明星本身是受害者，最不道德的是把它放上去的人。可是在内地，大家直接批判的是这几个明星，讨论他们的行为道德不道德。

吴淡如：内地也觉得同性恋很不道德。我在上海遇到一些朋友，他们说你不觉得你们演艺圈很变态吗？可我觉得，这叫变态吗？老实说，他们做的所有动作，哪一对男女朋友没做过？

窦文涛：很多人没做过，我就没做过（笑）！

吴淡如：你千万不要被我揭发到你做过！

许子东：我告诉你，现在很多人看到这些照片最不舒服的，其实就是你刚才讲的，我会不会做。假如他能够想到"我也会做"，他就会在心里理解这些人。

吴淡如：但是有一个问题，我们做了我们不会拍出来。

许子东：不拍的人很多，拍的人也很多。问题是摆那个POSE，碰到一个你至亲至爱的人，你会让她摆出那个POSE吗？很多人恐怕不能接受。

窦文涛：敢情大家在玩法上有争议，是吧？

吴淡如：对！

许子东：但大家在争的时候忘了，这其实根本不关你的事！

自愿拍照是人权

窦文涛：这里面延伸出一个问题，就是说咱们这个社会有很多人存在着一种所谓的"正确"的价值观。

吴淡如：还有正确的性行为方式。

窦文涛：所谓"正确"的，好比像李银河说的，男女成年人在卧室里自愿拍照，想怎么玩就怎么玩，这是人权！但是传统道德下很多人觉得这么玩就叫骄奢淫逸,就叫荒淫。

许子东: 好多年前,张贤亮写的小说,出现了性的争论。张贤亮说,北方的妇女不习惯这个 oralsex(口交)。原因是什么呢?因为在不能天天洗澡的情况下,上半身的毛巾跟下半身的毛巾是分开的,脸盆也是分开的,所以这跟物质生活条件有关。

吴淡如: 我也不太接受口交。我觉得问题是,他高兴拍这个照片也是他的闺房情趣。即使有人把它曝露了出来,我觉得也不应该看。

许子东: 完全同意!就好像药房里一种特别的药,你拿来当咳嗽糖吃对你有害。

吴淡如: 我比较赞成一些性学专家的看法,在床上只要你觉得对双方身体不造成损害,而又你情我愿的姿势就是好姿势。而且他们已经 27 岁了,如果未成年,你可以说他们。

窦文涛: 所以我说,大家看的其实不是不雅部位,而是这种最雅的脸,因为你平常给我们看的——

许子东: 跟你的行为造成反差了嘛!

窦文涛: 还有,这事怎么有传染性啊!香港最近判了一个,有个女孩子要跟男朋友分手,跟另一个男的结婚。这个男朋友挽留不成,怀恨在心,就把去年情人节两人拍的照片和视频传到网上,威胁这个女的。

吴淡如: 这种例子在台湾非常多,所以我们希望年轻的女生不要因为一时男欢女爱就留下照片……

理性不能代替感情,理性更不能分析感情。在心灵相互不能感应的关系中，任何语言都无能为力。而维系我们的，在根子上恰恰是情欲激起的需求，是肉与肉的接触；那份情爱，是由高度的快感所升华出来的。离开了肉与肉的接触，我们便失去了相互了解、互相关怀的依据。

——张贤亮《男人的一半是女人》

"天上人间"被查了

　　"天上人间"被禁那一天，我蛮担心的——替我父亲担心。因为他一直等我发了财，带他去一趟"天上人间"，我答应过他的，答应了二十年。

　　我觉得是不是外国人骨子里人格比较独立，即便性交易也是双方平等的。咱们那种"陪侍"，是给你软软乎乎的——她也不跟你聊天，就在你身边坐着。

　　很多国家推动"性产业合法化"的时候，其中一个主要理由是，假如性工业长期地下化，反过来会壮大黑社会。

窦文涛：我手机又收到新闻，先给你们念一个——《一个狠招》：一个女人对出轨的老公说："你敢离婚娶年轻的小姐，我就嫁给小姐他爹，从此以后儿子管你叫姐夫，你得喊我妈！"（笑）但是我要念的，不是这个，是真的新闻，"天上人间"你们香港人听说过吗？

马家辉：听过，非常出名！

窦文涛：《名动神州，"天上人间"被查了！》，社会反响强烈，最失望的说法：震惊，一下子失去奋斗目标了！最忧国忧民的说法：这么多下岗职工怎么安置，有关部门想过吗？最理智的说法：不知道这是免费打广告还是来真的。最写实的说法：哎哟，这个不能说，这个不能说。最无厘头的说法：一直以为"天上人间"是事业单位。

马家辉：其实听到"天上人间"被禁那一天，我倒是蛮担心的——替我父亲担心。因为他一直等我发了财，带他去一趟"天上人间"，这是我答应过他的，答应了二十年。

梁文道：你母亲呢？

马家辉：我母亲说，去喝一杯嘛，聊嘛，可以聊聊天。我父亲 78 岁了，非常放心（笑）。

有钱漂亮有罪吗？

窦文涛：喝一杯！你知道吗，"天上人间"变成一个传说，大部分穷苦老百姓只能依靠传说去揣测里边的情况。比方有一个人说我去过，里边一瓶皇家礼炮 5000 块钱，这种酒在酒吧一般 2000 块钱封顶。这还不重要，重要的是这次为什么惊动神州呢？因为"天上人间"太有名了！腾讯网做民意调查，结果百分之七十几的民众都感觉费解，很难想象"天上人间"被这么端了。过去我听说最漂亮的小姐都在"天上人间"，最大的大款都在"天上人间"，背景最复杂——

梁文道：你先介绍一下，"天上人间"里头到底有什么，在哪儿？

　　"天上人间"夜总会位于北京朝阳区东三环北京长城饭店西侧副楼，北临亮马河及燕莎购物中心，西临昆仑饭店、南临农业展览馆，是京城繁华高消费的金三角地区，营业面积约 12000 平方米，拥有大堂、KTV 包房、餐厅等。2010 年 5 月被勒令停业整顿。

窦文涛：先给你认识一下妹妹们（笑），有照片！这次"哗啦、哗啦"一个个被查，有的还正在服务。咱叫"坐台"，公安学名叫"陪侍"——我觉得这个词儿很精准。说"陪侍"小姐表情平静地坐在大厅里，只在见到照相机的时候，跟明星一样，"哗"一下遮住脸。那天我"饱看"这些照片，突然间有种联想，觉得我可以写个电影剧本，写一个女人的故事，就是今天在民警面前低着头坐在沙发上的其中一位小姐，可能若干年之后她成了大明星。你觉得我这好像是瞎想，是吧？不是，听说在"天上人间"研究生学历根本不出奇，很多是著名专业艺术院校的学生。

马家辉：听说还有校花级的。可是话说回来，从法律角度来看，我不太明白，为什么要把它关掉、禁掉。我看到报纸说它主要是有美女陪你聊天，然后有人在那边喝酒。它哪来色情呢？

窦文涛：你看你这个香港人，到我们这边，就会犯错误知道吗！

马家辉：有钱有罪吗？漂亮有罪吗？

窦文涛：我们不准许这种现象，这都属于扫黄的范畴。

梁文道：你的意思是，即使没有性交易，"陪侍"都是犯法的？

窦文涛：我不知道是不是犯法，反正公安管这事。

马家辉：这样说，我们常来陪你聊天，也可以抓了！

梁文道："陪侍三人行"！鸭店了这是（大笑）！

陪侍到底陪啥？

窦文涛：我跟你说，人民币是不是在贬值啊？我记得十几年前，最早刚刚有夜总会坐台小姐的时候，那时候仅仅陪你唱歌、喝酒就是一百块钱啊，现在"天上人间"人家说起步就两三千嘛！

梁文道：你始终没回答我的问题，我老在北京，我都没注意到"天上人间"在哪儿？

窦文涛：我不告诉你（笑）。

梁文道：而且我始终不明白它为什么那么好呢，不就陪喝酒吗？

马家辉：文道，别问了，已经被查了，你没办法再去！

窦文涛：文道，你这辈子从来没进过夜总会，身边从来没坐过坐台小姐，对吗？

梁文道：我去过一次，但我没叫小姐出来陪聊天。我有些朋友说，出来谈个事儿，到夜总会去谈。我就不理解，怎么会约去夜总会谈？谈个事儿叫小姐陪着干吗？如果说专门去找小姐，我反而理解了。可是谈事儿旁边有个小姐，那是干吗呢？

窦文涛：我就说那个词儿很精准，叫"陪侍"，对吧？但是你发现没有，咱也去过外国，我觉得外国人很专业的，比如跳脱衣舞的也有时间，你给十美元、五十美元，OK，她给你亮一下，或者到小房间里看十分钟。她很有效率，看这玩意就是看这玩意，或者就卖淫嫖娼，给钱，上床完事。

美国著名的脱衣舞娘黛塔·范蒂斯，被誉为"高贵、祥和、娴雅与淫荡完美统一的女人"。

在美国大部分州，赌博，娼妓，都是违法的，色情业却是合法经营的，所以发展起多姿多彩的脱衣舞行业，这同卖淫嫖娼有本质的区别。一般来说，脱衣舞娘按时间收费，每小时的收入从7美元到60美元不等。而美国人的接受程度也很高，甚至去脱衣舞俱乐部的次数比他们去看电影、听歌剧、赏芭蕾、听爵士乐和古典音乐会的次数加起来还要多。

中国古代也曾蓬勃发展过一种变种的脱衣舞——胡舞。来自西域的胡姬为了博得汉唐王公们的垂青而苦练高超舞技，甚至不惜袒体相向，是中国古代脱衣舞女的真实写照。

白居易在《胡旋女》中记载一次胡舞表演："心应弦，手应鼓。弦鼓一声双袖举，回雪飘摇转蓬舞。左旋右旋不知疲，千匝万周无已时。"胡姬在强烈节奏的鼓声中摆动腰身，眼神如钩，"俟终歌而薄袒"，衣裳委地，回眸一笑，"曲尽回身去，曾波犹注人"。

马家辉：其实美国也有那种酒吧，去那边也是聊天，聊完天你也要付她喝酒的费用，给她一个打赏。

窦文涛：咱这个还是有点不一样，我觉得是不是外国人骨子里人格比较独立，即便性交易也是双方平等。咱们那种"陪侍"，你知道吗，是给你软软乎乎的——她也不跟你聊天，就在你身边坐着。

梁文道：干吗呢？

窦文涛：依偎着，跟你喝酒。

梁文道：不烦啊？

窦文涛：你爱跟她聊两句，就聊两句，你不聊她就在那儿坐着。而且我跟你说，这玩意儿会上瘾，我见过多年泡夜总会的人，说实在的，玩了十几年之后，我发现这些朋友对上不上床都不是特别看重。

梁文道：这我就更难理解了。

马家辉：我觉得这种方式有他的乐趣。印象很深的一次经验倒不是在夜总会，是在深圳一个洗脚的地方。做脚底按摩，我看报纸、抽烟、休息，旁边一位中年女士是一个小伙子替她做的脚底按摩，做了两个钟头，她自言自语，不断跟那小伙子聊天，讲她家庭琐碎的事情，她丈夫怎么样，她弟弟怎么样，她妹妹怎么样，小孩怎么样。那个小伙子一边听，一边"对，对，你看开一点，看开一点"，整整聊了两小时。

窦文涛：这种不叫陪聊，只能算你旁听。

梁文道：按摩的小伙等于是陪聊。

马家辉：然后我看那位中年女士，她的身份在香港可能是草根阶层，收入不高，坦白讲现实生活里可能人家理都不理她，看都不看她的。现在她付个一百元，然后有一个十八九岁的小伙子听她这样讲。我看她离开的时候，脸上充满了笑容。

聊天还要排队？

窦文涛：好像家辉也有一次到夜总会的经验，可以介绍一下嘛。

马家辉：文道知道，我在香港湾[1]仔长大，那边很吵的，有很多夜总会、酒吧

[1] 湾仔位于香港岛北岸中央位置，是一个新旧并存的独特社区，是香港历史最悠久、最富传统文化特色的地区之一。湾仔设有大量的酒吧和酒廊，供人们工余、闲暇喝酒、谈心、消遣。

啊，我母亲以前整天找人回家打麻将。十个打麻将的阿姨，八个是在夜总会工作的，要么当小姐，要么当妈妈桑。我还记得其中一位阿姨很好玩，她身边的男人不断换，大概每三四个月换一个，为什么换得那么频繁呢？因为她跟谁在一起，谁就死掉，要么破产。

梁文道：这是白骨精啊。

马家辉：她非常漂亮，风华绝代！我从小看见她——

梁文道：就知道什么叫"祸水"了（笑）。

马家辉：我那时候矮矮的，她们进进出出打麻将，抬头就看见她们浑圆的屁股。我胸无大志，就想说长大之后一定要赚钱，去一趟她们店里看看是什么模样。三十年后，我终于去了一次，为什么去呢？报纸说这家三十年的夜总会快要倒闭了。

梁文道：是个老字号。

马家辉：倒闭前的礼拜五是最后一晚，我就掌握机会完成心里三十年的愿望嘛（笑），约了几个高中同学就去了。结果可能是因为最后一个晚上，那一进去，人山人海！不得了，到处是人！小姐都不够分。

窦文涛：客人比小姐还多。

马家辉：对，一百个客人只有二十几个小姐。那真是尴尬！我跟常去这种地方的朋友说，都是这样吗？聊天还要排队？

小姐与北京房价

窦文涛：北京不存在这个问题。有个人最近评出今年最牛评论，是写在《北京晚报》上的一个评论，说把北京的小姐全部赶走，京城的房地产将会出现拐点。为什么呢？北京警方这次突击行动，朝阳区四家会所抄了大概有 557 个小姐，他说要这么算的话，整个朝阳区所有的小姐加起来差不多得有十万，北京十几个区县按此比例计算，反正最后也不知道怎么算出来将近一百万。平均三个小姐合租一个房子，就租了几十万套房子，如果把她们驱逐出北京，起码房租会下跌。下跌之后很多买房子的需求会转移向租房子，这样北京的房市——

梁文道：就稳定了，哈哈。

窦文涛：房价就跌下来了嘛。

倘若北京警方"动真格"的高压态势始终不懈怠，用不了三个月，小姐们将陆续撤离京城，年底前，估计全市房屋租赁市场将增加 20 万套以上房源。出租房源大幅激增，必将使房租呈直线下降。房租越便宜，一部分持币观望者转买为租，对新售房、二手房的需求也将下降。那时候，开发商可能就真的扛不住了，房价出现真正的拐点。

——苏文洋《把小姐赶出北京，房价将现拐点》

梁文道：我觉得"性产业"在中国贡献是很大的，只不过过去没有正式计算进去。比如前几年，南方一些城市动不动就扫黄，每次一扫黄就有学者去估算，我国西南地区部分贫困县市的经济会受到打击，因为出来工作的"小姐"，挣这个钱是要汇回去的。其实我一直赞成性工业合法化。

窦文涛：怎么公安没抓你啊？

梁文道：我赞成一下还不至于犯法吧。我觉得奇怪的是什么呢？假如我们国家目前真的把这个当成是个非法行业，甚至严格到给钱叫小姐聊天都犯法，那人人都知道的"天上人间"怎么就能够在首善之区常年存在而从来没有疑问？

窦文涛：我倒也不敢说我支持这个行业吧，但我老觉得咱们主管部门不能光注意那些看得见的东西，你得注意一些看不见的东西，这个东西影响社会可能更要命。为什么？我觉得一种现象，你先甭说它好坏，要不你就有本事真把它铲除干净！就像建国后，中国一度铲除娼妓那是真的——

梁文道：对，周恩来不是说中国有妓女都在台湾嘛。

窦文涛：不要说北京了，其他二三线城市，包括县、乡、镇，咱们都不用说，任何人有眼睛都看得见……提倡的是一回事，可是人们眼里看到的事实是另一回事。

梁文道：潜规则胜利嘛！

马家辉：可是从另一个角度看，政府目前至少没有说主张、推广保护性产业嘛，偶尔抓一抓，给你一个警告，或是说你太过分了，他才来抓你，可是还是给有需要的人一定的空间。这其实是中国那种太极理论、混沌理论，黑中有白，白中有黑。

窦文涛："天上人间"应该挂一个阴阳八卦图（笑）。

性产业"地下化"

窦文涛：咱们聊"雅俗"，每一个行当里都有"雅俗"，连夜店里都有。那天一哥们儿跟我说，这种场合，在中国，你只要应酬，免不了要去，现在不是十几年前去的那种俗气的了，现在是雅的。我说怎么雅呢？他说，有一种夜总会，也不是给钱坐你身边，而是给你演节目。你坐在那儿，一拨一拨的，先来一段什么琵琶《十面埋伏》，然后又是现代舞什么的，还有跳芭蕾的。这些姑娘全是艺术院校的，什么舞蹈系、民乐系，学生也是勤工俭学，一月能挣几万呢。他说，她们不像小姐那么俗。比如，你看她演完节目之后，要她陪你喝酒，她也陪你喝，但是呢，你不能太"狼"，就是说直接抓她上床，那不可能。这是个什么调调儿呢？就是你慢慢地入戏，没准儿也有可能跟她套上——就是这么一种模糊的服务。

梁文道：比方说某天去了，说各位来宾，为了纪念肖邦诞辰两百周年，我们今天来一晚肖邦之夜。是这个调调儿吗？

窦文涛：没错儿。

马家辉：其实是回到民国年代了嘛，当时报纸还选美呢，评选"天上人间十大美女"什么的，然后像文道这种知识分子，还去写诗歌写文章赞颂她们（笑）。

梁文道：没错儿，一些民国名人他们都老逛窑子。

民国初年活跃在北平八大胡同中的红妓女凤仙、小桂合影。

旧时妓院里，客人常常让妓女陪着聊天、唱曲，不包括其他内容，被称做"开盘"。民国时期，一些文化名流，如胡适等，便常闲聚妓院"开盘"。

窦文涛：所以我说最近为什么湖南四百多个公安及他们的家属都从娱乐行业里撤出股份投资呢。我记得问一个开夜总会的，安全不安全？他说，没关系，我们这儿有人罩着呢。

　　梁文道：很多国家推动"性产业合法化"的时候，其中一个主要的理由是，假如性工业长期地下化，反过来会造成什么现象？壮大黑社会！因为这些人会寻求黑社会的保护，他们赚的钱会被黑社会压榨。相反，把它们纳入正当体制，让他们交税，反而杜绝了黑社会的财源。可是这种理由在一种情况下是无效的，就是当警察本身很像黑社会的时候。比如印尼，长期以来警政贪污腐败，很多行业在地下化、半地下化之间混杂不清。比如他们高速公路的收费站，有些是警察随便设的，一条路设二十来个，不停地收你钱。所以现在很多人说，印尼的治安问题怎么才能解决，先裁撤警察，警察人数越少，自然越好……

与青楼有关的日子

总讲什么"婊子无情，戏子无义"。婊子是无情，但是有义，当年谭嗣同他们就是在妓女屋子里开秘密会议的。

这位女子知道汪精卫第二天必死无疑，就对他说，我要跟你睡一觉。太感动了！但是汪精卫没答应。

他们倒霉在哪儿呢？那天晚上挖坑埋炸药的时候，事情进行得差不多了，一老乡晚上跑出来拉稀，看见这几人在那儿捣鼓，提着裤子就嚷嚷起来了。

窦文涛： 今天这个局不错，两岸 "两张会"！台湾的张大春，北京的张鸣，您二位聚在一起，可以聊聊民国，尤其是辛亥革命时期的女人了。从哪儿说起呢？就说说小凤仙吧，大春老师，您对小凤仙有分析。

张大春： 我们以前一直把小凤仙和蔡松坡将军逃出北京这件事连在一块儿，例如刘成禺[1]《洪宪纪事诗》就提到 "美人挟走蔡将军"。事实上蔡松坡逃离北京，刘成禺才是起了关键作用的人，他知道这事儿和小凤仙没有关系。小凤仙原是上海妓女，名叫小凤云，到了北京重张艳帜。当时蔡松坡想要逃出北京，逃出袁世凯的掌握。袁派了很多侦探整天监控他的一举一动，担心他回到云贵。

小凤仙就接了个电话

张大春： 这里先提一个人哈汉章[2]，他也是日本士官学校毕业的，和蔡松坡是前后期同学，刘成禺也是。这些人都是张之洞送出去的留日学生。在蔡松坡出逃的前一天晚上，他们借口给哈汉章的祖母过八十大寿，开了个寿宴。寿宴热闹非凡，有唱戏的，有打牌的，宴客来来往往。蔡松坡、哈汉

[1] 刘成禺（1876—1952）字禺生，早年加入兴中会，留学日本时结识孙中山。曾任南京临时参议院参议员、监察委员等职，参加过护法运动。著有《太平天国战史》《洪宪纪事诗》等。

[2] 哈汉章（1879—1953）字云裳，回族，湖北汉阳人。留学日本，入陆军士官学校步兵科。1912年任袁世凯军事顾问，北洋政府时期任陆军中将。后回乡寓居，1953年病逝。

章、刘成禺，还有一个叫丁怀的，一起在寿宴隔壁的房子里打麻将，打了整整一夜。第二天天亮，蔡松坡沉不住气了，说："我要走了。"当时大家也知道，他不是为拜寿来的。有人说，你再打两小时吧，还不晚。他们就这样一直打到七点，蔡松坡非走不可了。接下来整部戏就开始了。

当年刘成禺《洪宪纪事诗》第五十首是这么写的：
当关油壁掩罗裙，
女侠谁知小凤云。
缇骑九门搜索遍，
美人挟走蔡将军。

这首诗所说当然不是事实，它带着一种轻盈的玩笑风味，以咏赞江湖侠女的趣味，帮衬着哄传了一则生造出来的谣言——也可说，帮衬着烘托了一则虚拟出来的佳话。

——张大春《美人挟走蔡将军》

他先是进了新华门，到了总统府。那些跟踪的密探一想，打了一宿麻将，又进了总统府，怎么也不可能逃走了吧，就撤了。蔡松坡到了总统府，故意看了看表，对门卫说："我的表快了两小时，所以来早了。"那时候上班时间是早上七点，但通常九点才会到位。门卫以为蔡松坡是临时接到大总统的召见通知，就让他进去了。他进去之后，整整两小时故意在那儿晃。晃这两小时很重要，为什么呢？为了让所有的人都视他如无物，因为他已经在那儿晃半天了。然后他给小凤仙打了一个电话，说中午我们找个地方吃饭。小凤仙并不知道内情，她是被动的，心想既然大将军说要吃饭，那就等着呗。接下来蔡松坡大摇大摆走出政事堂，从西门走了，然后坐了三等车到天津，再从天津坐船到日本，最后绕回云南。但是刘成禺为什么非要说是小凤仙挟走蔡将军呢？因为这件事情非同小可，如果不圆这个谎，同桌打麻将的这几个人就是最后见到蔡松坡的人，因而极可能是和蔡松坡密谋出走有关系的人。

窦文涛：所以大家都拿小凤仙做幌子了。敢情在整个逃走过程中，小凤仙就接了个电话啊（笑）。

张　鸣：她完全不知内情。而且英雄美人，妓女、侠女这种故事，人们乐意传，也愿意相信。再有就是那个刘麻子刘成禺，他也乐意放烟雾弹，而且他又是当事人。

张大春：他就是主谋。

革命、爱情与女人

窦文涛：我还听人说，那时候青楼还真是仗义！老一辈总讲什么"婊子无情，戏子无义"，婊子是无情，但是有义，当年谭嗣同他们就是在妓女的屋子里开秘密会议的。

张　鸣：据说当时办报纸的一帮革命党，经常就在堂子里办事、议事，革命会议是一边喝花酒一边开的。

张大春：那是很好的掩护。

窦文涛：所以这个青楼文化和我们革命还是有点关系的（笑）！

张　鸣：太有关系了！而且良家妇女和革命也有关系。有两个女人跟辛亥革命有联系，一个是锦江饭店的老板董竹君，她是辛亥革命的元勋，在上海把重庆军政府的副都督拐走了[1]，那是佳话。

张　鸣：1910 年 4 月汪精卫进京刺杀摄政王，和谁一块去的呢？其中有一个 19 岁的女子，她是南洋富商的女儿。他们打探好摄政王马车必走的路径，然后到铁匠铺打了一个大铁罐子，装了一罐子炸药。这么大

[1] 副都督指的是前四川省副都督夏之时。夏之时早年留学日本，后加入同盟会。辛亥革命时，以新军军官身份领兵起义，被推为革命军总指挥。他与董竹君相识于青楼，一见钟情，后来董竹君丢珠宝首饰，随夏之时从青楼里逃出，后结为夫妇。

一罐子炸药，谁引爆它，谁就必死无疑。汪精卫想，炸药是黄复生[11]他们造的，功劳挺大，引爆的任务就留给自己来做吧。晚上去埋炸药的时候，这位女子知道汪精卫第二天必死无疑，就对他说，我要跟你睡一觉。太感动了！但是汪精卫没答应。这个女人是谁呢？就是陈璧君。陈璧君对汪精卫的感情是很深的，这种爱情是真爱，一点也不假。

董竹君（1900—1997）出生在上海，上海锦江饭店的创始人。她本是一个洋车夫的女儿，被迫沦为青楼卖唱女，结识革命党人夏之时跳出火坑，成了督军夫人。后因婚姻遇挫，与丈夫分道扬镳，开创新的人生。历尽艰难险阻，成为上海锦江饭店女老板。新中国成立之后，连任七届全国政协委员，堪称女权运动的先驱。1997年12月6日，因病在北京逝世，享年97岁。

他们倒霉在哪儿呢？那天晚上挖坑埋炸药的时候，事情进行得差不多了，一老乡晚上跑出来拉稀，看见这几人在那儿捣鼓，提着裤子就嚷嚷起来了。这一嚷嚷，当时那个城区的街道同志就过来了。

窦文涛：警方暴力团（笑）。

张　鸣：警察来了一看，一罐炸药在那儿放着，后来就顺藤摸瓜把这案子给破了，这样把汪精卫给挂了，陈璧君逃走了。当时汪精卫真是厉害，不光人长得漂亮，而且每次提审都侃侃而谈，最后把那个肃王，还有另外两人都感动了。这小子既然这么棒，别杀了，留着！最后留得不能留了，辛亥革命爆发了，清政府就释放了他。那时候汪精卫特别风光，很多人都来看美男子，有个典故叫"看杀卫玠""看杀东坡"[2]。他跟陈璧君生死不渝的爱情更传为佳话。

窦文涛：抗日战争完了以后，汪精卫已经死了，国民党将陈璧君判刑，说她是汉奸，把她关在牢里。新中国成立以后，宋庆龄、何香凝向毛泽东、周恩来求情，希望能够释放陈璧君，毛泽东说，她只要写一个认罪声明就把她放了。但是陈璧君

[1] 黄复生(1883—1948)四川人，在日留学期间结识孙中山，后成为同盟会首批成员。1909 至1914 年 6 年中，与汪精卫、喻培伦等人，先后搞了多次刺杀行动，有力地震慑了清廷。

[2] "看杀卫玠"源于《晋书·卫玠传》。魏晋时期，晋国美男子卫玠由于风采夺人，相貌出众而被处处围观，最终因心理压力大而病死，人因此说他是被看死的。"看杀东坡"载于宋人邵博所作笔记《邵氏见闻后录》，"东坡自海外归毗陵，病暑，着小冠，披半臂，坐船中。夹运河岸，千万人随观之。东坡顾坐客曰：'莫看杀轼否？'其为人爱慕如此"。

很倔犟，就是不肯写！说老蒋才是卖国的，汪先生没有卖国。最后她死在牢里。

张　鸣：生死不渝啊！不管她是不是汉奸，她的爱情的确可歌可泣。

　　埋设炸弹前，汪精卫曾找陈璧君进行过一次严肃的谈话，道："现在就要行动，我们都可能牺牲，我已没有再活下去的打算，望你认真考虑。"陈璧君道："我非单为刺杀摄政王而来，是因爱你才来。我当然参加行动。不过，万一我们能活下来，我愿把一切献给你，做你的妻子。望你能答应我。"汪精卫本不爱陈璧君，此时为她的真情所感动，点头应允。当下，陈璧君再次提出，汪精卫咬破手指，血写一"诺"字。陈璧君接到汪精卫的血书哭了三天，又为汪精卫终于接纳自己而欣喜不已，随即离京前往南方，继续革命。

　　　　　　　　　　　　　　　　　　　　——《蒋介石与宋美龄》

民国多奇人

张大春：今天不论电视也好，网络也好，视频也好，哪怕出本新书也要演讲，人对公众发表谈话的机会太多了，任何时候都有机会侃侃而谈，不管说得好不好。可是在民国那个时代，一个人能够面对一群人讲话，是一个非常重要的、很高贵的仪式。袁世凯派到上海去的郑汝成[1]被乱枪打死在长江大桥上。两个行刺他的刺客据说都是陈其美[2]派来的。陈其美是革命党人，那时候革命党最主要的任务是暗杀。这次暗杀不但打死了郑汝成，还在他贴身保镖的身上连打了九枪，心脏都打出来了。可是刺客打完之后，并没有跑，其中一个站在铁桥边上发表演讲。

窦文涛：没人抓他吗？

张大春：一分多钟以后被抓了。对他来说，这一分多钟的演讲，重要性不亚于开那几枪，他要表达为什么要做这件事，做这件事的公共价值在哪儿，号召大家都来伸张正义。现在回头去看，这个演讲成了民国时代很奇特的一个行为。

[1] 郑汝成(1862—1915)字子敬，河北镇海人。1913 年 7 月，被袁世凯任命为上海镇守使。1915 年，袁世凯与日本签订《二十一条》引起全国性的反袁怒潮。忠实执行袁世凯命令的郑汝成成为上海革命党打击的首要目标。11 月 10 日，在外白渡桥被陈其美指派的王晓峰、王明山投弹炸死。

[2] 陈其美(1878—1916)字英士，浙江吴兴人，青帮代表人物，1910 年与宋教仁、谭人凤等组织同盟会中部总部，以推动长江流域的革命运动，后与黄兴成为孙中山的左右股肱。二次革命后，被推举为上海讨袁军总司令，1916 年 5 月 18 日被袁系人马刺杀。

窦文涛： 我感觉那是一个奇男子、奇女子的时代，今天社会再也没有这种故事发生了，不可能再有这种人了。汪精卫行刺失败后，还作了一首诗，"引刀成一快，不负少年头"。

张　鸣： 这是监狱里作的诗，狱卒给他传出来的。

街石成痴绝，沧波万里愁；

孤飞终不倦，羞逐海浪浮。

姹紫嫣红色，从知渲染难；

他时好花发，认取血痕斑。

慷慨歌燕市，从容作楚囚；

引刀成一快，不负少年头。

留得心魂在，残躯付劫灰；

青磷光不灭，夜夜照燕台。

　　　　　——汪精卫《慷慨歌》

窦文涛： 后来我看到张学良一个回忆，说汪精卫也被人刺杀过，还被打成重伤。

张　鸣： 王亚樵[1]搞的。那是抗战之前，国民党在南京开会，本来想刺杀蒋介石，开完会之后，大家照相，蒋介石正好没来，就

[1] 王亚樵(1887—1936)，曾与戴笠、胡宗南是结拜兄弟。1927年"四一二事变"后，多方联络反蒋势力，先后策划刺蒋、刺宋、刺汪暗杀，闻名于世。1936年10月在广西梧州被国民党特务刺杀。

找了汪精卫，他是副总裁。

窦文涛：张学良当时在现场，汪精卫被打倒之后，陈璧君赶过来，捶着他的胸说，你起来，你起来，咱们是老革命，你怎么这么尿啊！给我站起来！这女人太厉害了。据说汪精卫是妻管严，特别怕老婆。

张　鸣：传说是这样。

集体美感的投射

窦文涛：那时候像这样干预大事，或者跟大事发生关系的女人，究竟是什么样的人呢？比如像小凤仙这种。

张　鸣：小凤仙没干预大事啊。

张大春：她是被干预了（笑）。她枉担了虚名，但这个虚名对她以后的生涯有帮助。

窦文涛：火了！

张　鸣：大火！我看过照片，小凤仙其实在北京妓院里头不算最出色的。

窦文涛：咱们的审美观是不是在变化呢？为什么今天看那个年代的很多美女照，比如十大名妓什么的，我觉得长得也就那么回事儿。

张　鸣：照相技术引进中国的历史其实挺短。刚开始搞这个名堂，良家妇女不去照，照妓女吧，妓女可以卖身，可以卖艺，但是面对这种新鲜技术，也都拘谨。

张大春：其实曝露于公众的女人并没有形成视觉焦点。举个例子，中国第一部剧情长片叫《阎瑞生》——

张　鸣：记录的是真实案子。

《阎瑞生》拍摄于 1921 年，是中国第一部长故事片。内容取材于上海滩的一个真实案件：1920 年，上海洋行买办阎瑞生因赌场失意见财起意，伙同好友用麻醉药棉花闷死当时的名妓"花国总理"王莲英，抢走她身上的饰物后逃走。事发之后，阎瑞生辗转逃离，但最终在徐州被警察逮捕归案。后经上海租界房审讯，阎瑞生被处以死刑。著名京剧演员夏月珊、夏月润（"京剧大王"谭鑫培之婿）兄弟看到此案轰动的报纸报道之后，迅速将之改编成话剧上演，之后又被改编为无声黑白故事片。

张大春：阎瑞生本是一个退职的买办，念过几年书，被退学了，在上海洋行里工作也不守本分，吃喝嫖赌都来。后来实在混不下去，就伙同一个朋友，约了一个有名的妓女王莲英出来。他们把妓女杀死，卸下了一身首饰。当时正好是南北内战，他想逃到北方去能脱身了，可是没想到警察追得很紧，他辗转松江、海州，结果在徐州车站落了网。落网之后一两个月，这件事就改编成舞台剧上演了。没到半年，电影就开拍了，演王莲英的那个演员也是个妓女。民国初年的妓女总是用各种方式让别人来注意她，新闻也好，电影也好，让自己成为焦点。大家恐怕无暇顾及她到底长得怎么样了。所谓的美女，就是在曝光亮相的机会之下所产生的集体美感……

中国式性感

　　我觉得中国古代小说里最性感的四个字是"宽衣解带"，这词儿得让人生出多少想象啊！

　　如果某人对"性感"的看法只停留在身体以及身体联想的层面，我觉得这个人的审美是需要净化的。

　　一位著名服装设计师说，他在中国经历了审美三阶段：第一个阶段看胸，第二个阶段看臀，第三阶段看什么呢？看女人的脖子！脖子永远离不开黄金分割，非常非常的性感。

窦文涛：影子，两百年没见你了，身材越来越性感了。今天的话题你肯定喜欢——咱就谈谈"性感"。你看《男人装》杂志的主编瘦马，真是人如其名。

影　子：见过，第一次见面是在一个音乐剧——

瘦　马：《妈妈咪呀》——

影　子：完了以后，对着在座的很多女嘉宾，瘦马问了我一句，你最近有瘦身计划吗？

窦文涛：哈哈，咱哥俩都挺关心她的身材问题。你知道人家《男人装》标榜什么？性感、趣味。

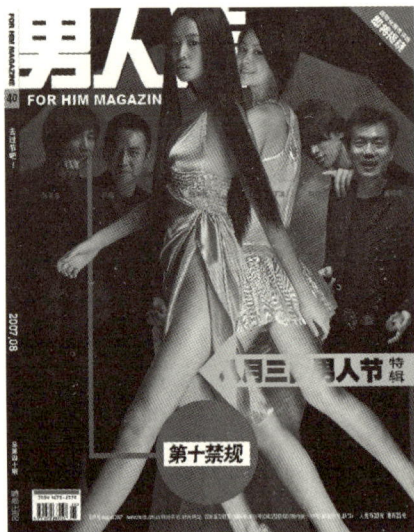

《男人装》是中国第一本公开发行的纯男性杂志，有中国的《花花公子》之称，封面刊登的都是美女明星的性感照片。《新周刊》评价它为："这本充满

视觉快感的男性审美教科书，想男人之所想，言同行所不敢言，创造了中国性爱话语的最高禁忌尺度；它性感而不失犀利主张，幽默而不缺现实主义，是潮流男士的最佳伴侣。"

影　子："性感"的意思是"瘦"吗？像您那样瘦吗？

瘦　马：现在"性感"的趋势是有点以瘦为美，但是国际标榜的趋势是，你只要胖得得体也算性感！

影　子：现在说人胖，你要注意（笑）！

窦文涛：其实"性感"这个话题很值得聊一聊，因为几十年前你夸一个女孩子性感，八成会得到一耳光（笑），对吧？现在说一个女孩子性感，她会很开心，甚至现在这些男的都把性感说烂了。那天在一个酒店前台，我夸奖一个女孩"性感"，估计她也听习惯了，她说我不姓"感"，我姓"赵"（齐笑）！

Sexy 不止说身材好

瘦　马：最近《男人装》要在北京、上海举办"中国式性感"艺术展，想请国内外艺术家一起来创作，可以是平面的，可以是影视的，也可以是多媒体的。为什么要做呢？其实是基于我多年来做《男人装》碰到的问题。比如这个人说，这女孩很性感，那个人认为一点也不。大家对性感的观念差距特别大，中国人跟西方人对性感的理解也不一样。去年我在加州大学伯克利分校做访问学者，发现在西方词汇中，Sexy 的含义非常丰富。有一次一位老师拿了《经济学人》中的一篇文章给我们看，说一定要读，这篇文章非常 Sexy。文章怎么 Sexy 呢？我问他。他说这篇文章可读性强，很有内容。他平常也会说茶杯很 Sexy。

窦文涛：这我就明白了！上次我听说陈丹青到我一朋友家里玩儿，说那些桌子、椅子很性感。我还纳闷儿呢，原来 Sexy 在西方语汇里是这样的。

瘦　马：过去性感是说身体的美好，以及由这种美引发的美好的联想，现在——

影　子：我觉得性感是对某样事物本质的反映，就是女人具有的性征本质上跟男人的不一样。比如这个杯子长得很像杯子，是因为它具有一个杯子所有的本质特征。我也可以说我妈很性感，因为我妈具有一个妈妈应该有的那种气质，比如温柔、贤惠等。而且我也不太同意说人们对性感的看法不一样。我觉得人类对性感本质的追求、看法应该是差不多一致的，比如男人对女人的看法。冯小刚《不见不散》里有个情节，徐帆对葛优说，我混不下去了，恨不得去跳脱衣舞。葛优说，你以为你的柴火妞身材有人爱看吗？可见对女人的性感，起码是身体的性感，中外的看法是基本一致的。中国人也不爱看柴火妞身材，也要有胸有屁股。

刘　元：脱衣舞你跳吗？

李　清：我是你妹妹的话，你会让我跳脱衣舞吗？

刘　元：你是我妹妹，我就不让你来美国！你以为跳脱衣舞，光不要脸就行了？那还得会劈叉，一条腿一踢一人多高，就你这柴禾妞的身子骨？

——《不见不散》台词

窦文涛：我不觉得是这样。你看古代的中国人，不是很强调大胸。我记得古文里有一词儿叫"椒乳"[1]，这"椒乳"不是说乳房大小。中国古人欣赏女人讲究柔弱无骨，就是身上不能看出骨节来。像广美这身材，古人就会认为，男人跟她肯定伤元气，哈哈哈，意思是骨架太大！但现在你看，人们已经开始认同丰乳肥臀了。

影　子：我觉得中国古代小说里最性感的四个字是"宽衣解带"（笑），这词儿得让人生出多少想象啊！

窦文涛："宽衣解带"就叫性感啊？

影　子：性感这东西一定是跟性的本质连在一起。

性感的最高境界在脖子

窦文涛：我第一次听到"性感"这词儿，感觉有一种物化心理，她的身体能引起我的性欲，就叫"性感"。后来发现，性感的含

[1]"椒乳"的本义是"香乳"，"椒"用来比拟乳房的味道，而不是用来比拟乳房的形状。

义太模糊，也太丰富了。

瘦 马：如果某人对"性感"的看法只停留在身体以及身体联想的层面，我觉得这个人的审美是需要净化的。举例来说，有一次我跟一个著名设计师聊天，他说连他那样的服装设计师在中国都经历了审美的三个阶段，第一个阶段看乳沟，看胸。来一模特，先看看胸怎么样。

窦文涛：给皇帝找奶妈啊（齐笑）？！

瘦 马：第二阶段看臀，臀比胸更隐讳一点。第三阶段看什么呢？估计你们都不知道！看女人的脖子！这是最后一关。他说在服装里面，女人的脖子是点睛之笔。女人的手不会成为点睛之笔，它只是露出来的部分，但脖子永远离不开黄金分割，非常非常的性感。

影 子：这个设计师好像是日本的审美。记得渡边淳一小说里永远有一段会写女人的脖子，日本人很在乎脖子的，和服的设计就是为了突出女人的脖子，露出来像一段藕，雪白、粉嫩，让人觉得很性感。我觉得还可以审美手，像古人诗词里什么"红酥手、黄藤酒"，很性感嘛。而且性感这个东西有弹性吗？是可变化吗？有一个调查说，你喝一升啤酒，喝五杯 Red wine 的时候，对方在你眼中的性感程度会提高25%，也许看到武大郎，都觉得他带了几分春意。

瘦 马：有人说《男人装》的最大贡献是给了中国民间女性以解放身体的权利。

窦文涛：有很多女孩儿要找你们露，是吧。

瘦 马：是展示。我觉得要获得性感，首先要给自己解放身体的权利，就是我能控制自己的身体，我可以展示，这是第一步。说实话，30 年前中国的女性还是属于国家的，比如国家要统一制服，女性不能随便穿自己喜欢的漂亮衣服——恐怕到现在很多单位还是这么回事儿，她的身体不属于自己。现在的氛围是鼓励大家要回身体，但怎么展示仍需要艺术，需要节制。不节制就变成什么呢？无限制地裸露。

　　东方女性展示出来的玉体通常是其极小的一部分，对日本艺伎来说，她们能够展示的只是巨大发髻遮掩下的脖子！这就是日本男人自古以来最爱看的地方，这是古代日本人的情趣和爱好。日本艺伎那层层包裹、严严实实的和服之所以在领部网开一面，留下极大的空当，留给好色的日本男子想象的"空间"，是因为"日本男子对女人脖子的感觉就同西方男子对女人的大腿的感觉一样"，希望被煽动。

日本的和服能叫人偶尔窥见衣领下面的春色——日本女人的"第三条腿"，特别是在艺伎们低头行礼的时候。据说艺伎在脸上、胸脯上施以厚厚的白粉，玩的就是欲擒故纵的把戏，"当一个男人坐在艺伎身旁，见到她的化妆就像是戴着面具，他就更加急不可待地想往下见到她的真皮肤"，日本作家土井治在他的作品中说。

——《日本人的"色道"》

窦文涛：现在网上就有点这样了，多少女孩自己找个摄像头，在屋里就"宽衣解带"了。

影　子：浴缸自拍（笑）。

老外找的女人都有张力

窦文涛：Sexy 本来是一个西方词儿。你们两位也在美国生活过多年，他们都说中国女的爱找老外，其实我很欣慰，因为我发现老外找的中国女的啊，在中国男人眼里，其实都不怎么漂亮。我心说，好嘛！难看的都给你们了，你们还觉得特别美（笑）！上次我跟一法国人说起一女孩子，他说我特别不理解怎么你们中国人都比较重视皮肤白嫩呢，我就觉得长得黑不溜秋的很性感，很有魅力。

瘦　马：老外找的中国女性，你刚才说的不漂亮是一个，还有一个什么呢？往往她的身体特别具有张力——丰不丰满不一定啊，特别有激情，特别结实。

窦文涛：怎么叫身体有张力？

影　子：比较紧？

瘦　马：对，比较紧，没有松的。哪怕是一个胖子，你都能感觉她是一个有爆发力的运动女性。

窦文涛：就是喜欢"铁姑娘"，对吧（齐笑）。

瘦　马：基本是这样，哪怕瘦，都瘦得有力量，有劲！老外找中国女人，这是个普遍共识。当然，他认为他找的是性感的。所以我们跟他们的想法不太一样，我记得好像美国有个排行榜，把章子怡作为亚洲性感美女的第一名。

　　章子怡在 2004 年被《花花公子》评为"亚洲最性感的女演员"，是不无道理的。章子怡的脸形非常漂亮，另外，上嘴唇薄、下嘴唇厚，很容易呈现一种

偏孽的状态，就像她主演的玉娇龙一样。这使她有一种强大的中性美，无论超级女人味的装扮还是肃挺的男装造型，到她身上都服服帖帖。这本身即是一种浓郁深层的性感。

影　子：那是因为她有名。

瘦　马：不一定，老外就认为章子怡性感。你看章子怡就是一个有张力的人，老外不喜欢那种温吞水美女。老外评价的美女，一定是那种张扬型的，他相信一个人性格上张扬，身体上也会张扬。其实章子怡很瘦，咱们中国人看她，哪有"性感"之说？

影　子：照你这个观点，老外应该喜欢我喽，我就是一个紧胖子型的人，哈哈！但实际上他们并不喜欢我，而且他们提出的理由我都明白——"因为你的五官你的性格，比较像我们。"

窦文涛：你长得不像他们啊，你长得像非洲人嘛（齐笑）。

影　子：所以非洲人也不喜欢我，我去过非洲（笑）。

男人的眼光决定女人的美

窦文涛：现在女孩子怎么都拼命想瘦呢？

影　子：这个得问《男人装》。我觉得《男人装》对中国社会性感的贡献，不是让女性得到了脱衣服的权利，而是有一个平台可以去选择谁能脱谁不能脱。

窦文涛：还是男人的眼光选择？

影　子：对！所以《男人装》还是一个带有男权眼光的杂志，要不然人人都可以上去脱，胖子也可以上去脱。

瘦　马：我认为《男人装》首先是一个男人的杂志。我从来不谈主义，不谈权利。这个杂志是给男人看的，但女人是参与者，不行吗？我们提供了一个舞台，女人在那儿表演，今儿是奥运宝贝，明儿是青春歌手——

影　子：但你们有选择，不是谁来报名都可以吧。

瘦　马：那当然，否则就变成暴露癖了，因为想暴露的人太多，很多女孩子都想暴露。

影　子：那自由何在呢？

瘦　马：什么叫自由何在？在中国这是出版物，自由总是在有限制的情况下出来的吧，如果不是这样，就变成泛滥了。

窦文涛：我跟你讲，文道的观点我听起来总是如此正确，但又是如此的难以做到。比如谈到外国有些女胖子在大街上走，而且穿得花花绿绿的。文道就会说，为什么胖不是美？人人平等，光凭胖不能被歧视吧。他从哲学上，从人类美的本质上，从生命的自由上，给你讲我们都应该欣赏她们的美。他觉得残疾人也很美，凭什么我们要认为他们比较值得同情？

影　子：胖子如此也有了自己的选美大赛，也评出了金、银、铜奖，但依然带着一丝辛酸。

中西对性感审美不同

窦文涛：过去有种说法，中国人对女人的审美偏重质地，西方人偏重轮廓，好比中国人喜欢皮肤好的，像陶瓷一样，但现在也开始欣赏轮廓，像刚才说的脖子。我过去比较喜欢看什么？看女人腰臀之间那一段，刚好是两个S，双S（笑）！而且我发现这是一个枢纽部位——

影　子：跟人的寿命、健康有关系。

窦文涛：女人整个走路的仪态都在这曲线的摇曳多姿中。这是我性感审美的第一阶段，但现在我要说谁性感，就说不出具体的了，由实到虚了！

瘦　马：哈哈，这说明你进化了，审美进化！

窦文涛：我觉得评价一个人性感，首先她得是一个活的人，她的某种眼神、神情、步伐、手、脚、身体整个综合起来，让人感觉有活力，活生生的。

　　旗袍并非在于曲线毕露，倒是简化了胴体的繁缛起伏，贴身而不贴肉，无遗而大有遗，如此才能坐下来嫣然百媚，走动时微闾相随，站住了亭亭玉立。

　　　　　　　　　　　　　　　——木心谈女人穿旗袍时的美

瘦　马：其实中国人对性感的审美有点"虚"，是间接的，不是直接的。西方人的审美是直接的，好比运动员的身体很棒，有力量、有美感，很均衡。他们就觉得运动员特别性感。中国人不这么考虑问题，中国人很少把运动员捧为性感天使的。

影　子：跟我们的文化一样，只可意会不可言传，更多是来自自己心灵的一些感受。像蒙娜丽莎的微笑，我一点都不觉得蒙娜丽莎性感，但都说她的微笑是人类当中最性感的。

窦文涛：现在全球化了，会不会让中国人跟西方人的审美都一样了？

瘦　马：不太可能，总是有区别的……

现代化从性开放开始

封建社会是不能让人看见女人脚的，进入工业化就可以看了。为什么中国的现代化都从女性文化开始呢？

说中国人让女人裹小脚儿是摧残妇女，那外国人让女人穿高跟鞋呢？医生不是说女人老穿高跟鞋对脚不好嘛，为什么连女人自己都觉得我非穿高跟鞋不可？

被动型的现代化国家，主要就是德、俄、中、日，人家都完成工业化了，你本来走得比人家晚，你还唱卡拉OK，你还灯红酒绿，其实就是变相的"八大胡同"。

窦文涛：今天晓军老师把他的珍藏——民国的瓶子带来了。

宋晓军：我收藏这些东西主要是想研究 1840 年中国开始工业化之后，发生了什么文化现象。我发现清朝这些瓶子上的女人全是不露脚的，可是辛亥革命以后，妇女解放，一些民国瓷器上的女人就开始露脚了。

1911 年的辛亥革命，结束了中国几千年的君主专制，同时也掀起了社会风俗与服饰上翻天覆地的革命。

裤装和上衣下裙开始出现，正如张爱玲《更衣记》说的"那样裙上的细褶是女人仪态最严格的试验，家教好的姑娘莲步姗姗，百褶裙虽不至于纹丝不动，也只限于轻微的摇颤……"同时女人逐渐露出了脚，天足成为时尚，沿袭千年的缠足陋习逐渐销声匿迹。

窦文涛：那时候街上女的还真穿成这样？

宋晓军： 这叫民国时装女子瓷。后来年代晚一点，更开放一点了，线条不那么直筒子了。

窦文涛： 有点儿 S 了。

宋晓军： 对，身材还不敢露出线条，脚露出来一点点。所以我们现代化的象征是让女人把脚露出来！后来画的女人更有曲线了，脚也露得更大。

窦文涛： 有点儿意思。查老师这个女性主义者怎么看？

查建英： 晓军说民国时候是第一次现代化，从直筒子线条到 S 线条，可你要真看以前那些春宫画，那线条比这个厉害啊！后人在评西洋春宫和中国春宫的时候，还是觉得中国春宫厉害，为什么？中国春宫在描写性事的时候还穿着衣服，而且衣服穿得还松松垮垮的，除了要紧部分必须裸露外，其他部分都还包着。

窦文涛： 也有完全不穿衣服的。

查建英： 有，但是没有肌肉男。

窦文涛： 也没有线条女。

查建英： 那些男的看着都是些文弱书生，可能跟文人画有关系吧，都是一些不男不女的——用我们现在的说法是"中性人"，在那儿做爱呢（齐笑）！

窦文涛： 古代春宫是个特殊类型，跟晓军说的露脚还不是一回事儿。古代一般要不是春宫的画儿，你看到都是长裙及地。

查建英： 确实是。

服装领风气变革之先

宋晓军： 我想说的是，这些画带给我们的一般印象是，封建社会是不能让人看见女人脚的，进入工业化就可以看了。但现代化是要造铁路、造机器、造军舰、造轮船啊，为什么中国文人现代化的起点都从女性文化开始呢？你看 20 世纪 80 年代也是这样，咱改革开放一开始，先出来的是挂历，香港的什么——

窦文涛： 喇叭裤、蛤蟆镜。

有人曾这样形容喇叭裤："低腰短裆，紧裹屁股；裤腿上窄下宽，裤长一般盖住鞋跟，走起路来，兼有扫地的功能。"那时候最时尚的小年轻一般都穿着喇叭裤，留长发，再戴副蛤蟆镜。不过这副形象几乎就代表了"不三不四"，尽管备受指责，却打破了之前中国服装的"统一制"。

宋晓军： 每一次社会变化之前，好像女性的穿衣打扮都成了一个挺潮流的东西。

窦文涛： 就是说男人们想干什么，先得在女人的打扮上显示显示。

查建英： 我倒觉得女性解放跟造军舰是同步的，并不矛盾，相辅相成。一方面要强国，一方面也要让女性自强，比如接受教育，走出家庭，找工作什么的。

窦文涛：我记得当时有一种观点，你要想改变社会，先得改变人。人从哪儿改变起？从剪头发。辛亥革命后，政府就下令剪头发。就是说我要改变你这个人，先得改变你的发型、你的衣服，甚至你的性感，我要给你一套全新的东西，让你看着就新鲜。

宋晓军：军舰和露小脚之间有一个文化交错上的观照。我觉得现在追求女明星啊，艳照门什么的，是不是和产业结构有关系？

窦文涛：（笑）你想得够远的，艳照门决定 GDP！

宋晓军：比如像港台那边，加工贸易、OEM 代工 [1] 什么的，对应着文化就是那种小感慨、小情调，然后是明星、狗仔队这套东西。你的产业没有大规模大项目的时候，可能就出不来托尔斯泰，我是这么想的。

女人摧残自己要有度

查建英：回头说小脚，中国男人抽着大烟，一咏三叹地在那儿揉三寸金莲，这是一种阴柔文化。放小脚，把它露出来，一直到

[1] OEM（Origin Entrusted Manufacture）代工，俗称"贴牌"。就是品牌的拥有者委托他人生产商品，然后直接贴上自己的品牌商标销售。

后来的月历牌、瓷器，女人不只露这么一点小脚了，还穿着中西合璧的衣服，然后是长筒丝袜，又有猫，又有琴，打高尔夫球什么的，这其实是把女人的洋气释放了出来。

窦文涛： 你说中国人让女人裹小脚儿是摧残妇女，那外国人让女人穿高跟鞋呢？医生不是说女人老穿高跟鞋对脚不好嘛，为什么连女人自己都觉得我非穿高跟鞋不可？

查建英： 高跟鞋改变人的身长比例，一穿高跟鞋，腿马上就长了。尤其东方人比例本来就不好，头显得很大，穿高跟鞋以后，走路就摇曳多姿了。我觉得这跟裹脚不一样。

窦文涛： 小脚也摇曳多姿啊。

查建英： 裹脚摧残了天足，脚被包裹起来之后，是生生的要把骨头杀死啊！

窦文涛： 那天我看到一女孩，穿着那么高的高跟鞋，脚上贴着创可贴。这不也是摧残吗？这是女为悦己者容吗？

查建英： 我觉得这里面得有一个度。

窦文涛： 女人适度摧残自己，是可以接受的（笑）！

查建英： 说实话，我是站着说话不腰疼，因为我已经够高了，一般就不忍受穿高跟鞋的痛苦了（笑）。但是我很理解女人穿高跟鞋，这是审美上的需要。

宋晓军： 露小脚这种东西包含了妇女解放的元素，同时又包含了封建社会男人对女人的那种赏玩。

窦文涛： 对，恋物癖嘛。

　　高跟鞋除了增加高度，更重要的因素是可以增进诱惑力。高跟鞋使女人步幅减小，因为重心后移，腿部就相应挺直，并造成臀部收缩、胸部前挺，使女人的站姿、走姿都富有风韵，袅娜的韵致应运而生。

也走"八大胡同"的路子

　　宋晓军：那些包二奶的官员，他们忘记了中国还没有完成工业化，还需要一种隐忍的精神。你看人家德国、日本，工业化之后好几代都特别努力——当然他们发展到另外一个极端，搞军国主义去了。但是我觉得我们这个现代化过程当中，妇女文化是不是太多了，你看现在全在出口什么背心、裤衩、服装，重大项目几乎没有。

查建英：我有一男性朋友，跟你有很类似的感叹。他前不久去看林奕华导演的新剧，我这个朋友是个北方大汉，律师，一米八几的个儿，看到半截儿他出来给我打电话，说我受不了，怎么男人一出来腿都那么细，说话阴阳怪气的，看着难受死了。所以说这里面有个度，你白天搞现代化，晚上是不是该娱乐放松一下，不然我们的文艺型男人怎么办啊（笑）！

窦文涛：晓军是尚武精神，是军人立场，所以他看不惯。想当年那个日本天皇，为了造军舰打中国，吃小窝头，跟国民一起挨饿，那么一种劲头！孙中山讲"革命尚未成功，同志仍需努力"，怎么现在这些人就唱卡拉OK，包二奶去了呢？

到甲午战争前，明治天皇甚至干脆用饿肚皮的方法，给他的文臣武将起"带头作用"——前线那些饥寒交加的日本军人，得知天皇每天仅仅吃一餐饭的时候，人人涕泪横流，呼号喧嚣之声满营。

天皇恨不能把"圣岳"富士山变成金山、铁山、钢山、火药山，把濑户内海的每一块礁石都变成战舰。

他不要慢节奏地跋涉，他一开始就要求他的国家"冲刺"——尽管他知道他的国家和他病残的双腿一样，时时对这种"冲刺"感到力不从心。

据说，当时到日本去的中国人不少，有人带回了日本天皇靠牙缝里抠肉来供养海军的见闻，在京城里居然被传为笑谈。人们说："东洋小夷，毕竟是东洋小夷，这么干，也不怕让人笑话！"

让人笑话，丢一国之主的脸面，似乎是非常可怕的；唯一不怕的，就是没有海军，没有国防，没有主权和尊严——这，就是上一世纪大清国的政治逻辑。

——选自《龙旗——清末北洋海军纪实》

宋晓军：对啊，你想想，被动型的现代化国家，主要就是德、俄、中、日，人家都完成工业化了，你本来走得比人家晚，你还唱卡拉OK，你还灯红酒绿，其实就是变相的"八大胡同"。当年周佛海游北平，最怕被那些国民党粉丝追着，让他讲演，他说我这儿"打茶围"[1]。"打茶围"是什么？就是逛歌厅。现在这些干部也是这路子。

窦文涛：喝花酒（笑）。说了半天，我明白了，其实中国历史上一直有那么一种现象——叫"暖风熏得游人醉，直把杭州作汴州"[2]。上从达官贵人到小老百姓，都有一种"好死不如赖活着"的心态，能享受一口是一口，都有那么点劲儿。

宋晓军：可是现在明明知道自己已经落后了，怎么还那么软化呢？很多人认为上层是被这种南风吹过来的热带雨林样的文化软化的。上世纪50年代《纽约时报》有一张特别有名的照片，那时候打朝鲜战争，一个

[1] 亦作"打茶会"。旧时谓至妓院品茗饮酒取乐，即去妓女所在的妓院喝酒、抽烟、吃点心、闲聊，这种交往的方式便是"打茶围"。

[2] 出自宋·林升《题临安邸》：山外青山楼外楼，西湖歌舞几时休？暖风熏得游人醉，直把杭州作汴州。

美国大兵在台湾桑拿池子里被两个按摩女按摩。当时那套玩意儿全是从中国香港、日本传过来的，咱改革开放主要也是也从那个门进来的，南风吹进来之后，这种小情调儿使得民族的软化度特别高。很多人不满这种软文化，才走向另一种极端。网上有人说极端民族主义什么的，其实不是，现代化条件下长大的这些孩子，他的知识结构其实很好，但是精神上特别软，软了才更极端。

窦文涛： 我确实也感到网上一批80后，他们有那种危机感，觉得革命尚未成功，中国危机四伏，钓鱼岛问题还没解决呢，台湾搞独立怎么办？你们怎么能在这儿唱卡拉OK呢？他们怎么都想不通。

查建英： 我觉得这也是有原因的，他们从小接受的是正统的学校教育，红色革命的底子藏在那儿，阳性的、斗争的、壮烈的东西还在，这都是从延安时代过来的东西。其实你说的小南风、邓丽君这些，那是僵硬到了极点，然后出现的一个反弹。现在30年过去了，新的一波反弹又出现了。我记得前些时候看见北京五环外开了一家红色饭馆，"文革"主题的，里面的陶器是那种斗走资派的、"坐飞机"[1]的，不

[1]"坐飞机"，这里特指在文革时期，将所谓的"反动分子"绑起来，放在一个长凳上，将其双臂往上抬，造型很像飞机，是一种很残忍的刑罚。

知道你看见过没有？

宋晓军：见过很多。

查建英：然后满墙贴的都是"文革"时候的社论、标语、大字报，晚上舞台上一唱，全是革命歌曲，都是那种梳小刷子的红卫兵拿着红宝书在那儿跳。吃饭的人里有一伙儿老三届的知青，其中有个做了总经理的，喝了几杯酒，怀革命之旧，忽然跳到椅子上唱起歌来，唱得手舞足蹈，把周围小姑娘都看傻了。其实这一批人，我觉得他们身上沉淀了好几种颜色。

窦文涛：大杂烩。

查建英：大杂烩在那儿顶着，互相冲突。

窦文涛：但是你发现没有，都是在娱乐的时候表现出来了。

查建英：对！

宋晓军：以前是做得过了，毛三十年有时间表，邓三十年也有时间表。现在提科学发展观，科学发展观就是咱别急，急不了……

只谈风月

Chapter3
等爱至死

爱情对我的折磨我很珍重，纵然死，也让我爱着
死去。

——普希金《心愿》

爱情成了奢侈品

我不觉得相恋是一件很苦的事儿。我觉得在生命中找到一个人，你愿意去为他付出，为他做什么事都觉得值，这是一种甜蜜的负担。

有人一碰见这种事就站在道德制高点上，我觉得他们是没活明白，其实男女之间的事，两口子在一起的辛酸，有多少不足为外人道的东西啊！

老公在外面找了女人，如果妻子说"我不能接受，我们离婚"，这就等于屈服了。按照日本人武士道的精神，你是不能屈服的！你找！好，我也找！

文　涛：今天是情人节。什么叫"情人"？中文里狭义地说，情人可以指"第三者"，广义地说，夫妻也希望能做情人。

孟广美：夫妻不是称"爱人"吗？

加藤嘉一：在日本"爱人"是情人的意思。

窦文涛：就是"小三"的意思？

加藤嘉一：差不多，有这个意思，情人叫"爱人"。

孟广美：那太太呢？结了婚的。

加藤嘉一：太太叫妻子。妻子和爱人有语义上的不同。

"酸"是普世价值观

孟广美：你是 80 后，情人节没收到巧克力？

加藤嘉一：没人送我（笑）。

窦文涛：说日本人过情人节，其实比咱们学西方学得原模原样，日本情人节是女的给男的送巧克力。

加藤嘉一：而且只送巧克力。其实情人节对我们中日来说，都是西方的产物。

窦文涛：中国人过情人节乱七八糟的什么都送。

加藤嘉一：什么都送，什么都收，2 月 14 日互送互收。

窦文涛：中国情人节都送房子的，要不然谁给你当小三呀！看人家日本，为迎接情人节搞了一个活动，征集不同年龄段的人写三行情诗。

加藤嘉一：非常感动。

148

之一：
如果你在天堂遇见我
请装作不认识我的样子
因为下一次也想由我向你求婚

之二：
凝视掌心短短的生命线
自言自语是否真有命运
沉默的妻只是拿笔将它延续到手腕

之三：
妻啊
虽然开不了口说爱
但不准比我先死

窦文涛：这说明"酸"是普世价值观（笑）！

孟广美：你觉得酸啊？

窦文涛：当然啦，一说起感情来我觉得都是这样。

加藤嘉一：日本人娶老婆的时候，常常会说"你能跟我辛苦一辈子吗"，就像刚刚那首诗说的"我不能说我爱你，但是我希望我比你先死"，就是这种感动。

窦文涛：但是你看中国，冯小刚拍了个《非诚勿扰2》，里面演中国人求婚，说所有的婚姻都是错误，我跟你求婚，咱们将错就错！为什么我们就这么苦呢？

《非诚勿扰2》里有几句经典台词，非常典型地点出了中国人对待婚姻和爱情的态度，与日本人对待婚姻的郑重和真挚形成鲜明的对比：

婚姻怎么选都是错的，长久的婚姻就是将错就错。

咱们不试七年之痒了，直接试试相依为命。一辈子很短，我愿意和你将错就错。

你是找感情的，我是找婚姻的！我们俩就走岔道了。

幸福不一定在一起，倒霉一定在一起。

你这么急着娶我，是不是惦记着早结早离呀。

孟广美：我不觉得相恋是一件很苦的事，我觉得在生命中找到一个人，你愿意去为他付出，为他做什么事都觉得值，这是一种甜蜜的负担。就像对自己的父母亲一样，做任何事情你都不会引以为苦。

窦文涛：但是今天的社会，有人说爱情变质了，也有人说爱情是一种奢侈品。那天我看到木心[1]先生写的一首诗，他说他缅怀那个年代，那是一个连勾引都那么认真的时代，那个年代我们那么认真地调情，如今呢？

从前的人，多认真

认真勾引，认真失身

——木心《还值一个弥撒吗》

情人跟面子有关

加藤嘉一：如今的爱情都变成了一种工具，一种非常物质的东西。

窦文涛：日本也这样吗？

加藤嘉一：在日本，刚才那些诗里写的情感是非常普遍的，一对夫妻结婚之后依然享受着情人般的氛围。到了情人节，夫妻一

[1] 木心，1927年生，上海美术专科学校毕业，1982年定居纽约。从1984年起，台湾一些出版社陆续出版了木心的作品，包括散文集《琼美卡随想录》《素履之往》《马拉格计划》《鱼丽之宴》《同情中断录》，诗集《西班牙三棵树》《巴珑》《我纷纷的情欲》，小说集《温莎墓园日记》等。后来作品被引进到内地，掀起一股"木心热"。

起过。日本人有点害羞，"我爱你"这样的话可能说不出口，只能说"你能不能跟我辛苦一辈子"。

窦文涛： 从 AV 里可看不出日本人害羞啊（齐笑）！

加藤嘉一： 那是产业，跟爱情是两回事。

窦文涛： 日本人对情人的看法跟中国人有什么不同？

加藤嘉一： 在日本，老公老婆都可以有情人，在外面有"小三"是很正常的事。日本人对家庭的保护意识——尤其在有孩子的情况下，是非常强的，但有些时候比如老公在外面太忙，老婆特别寂寞，找个情人，老公也是默认的，老公虽然默认，但他也会出去找别的女人，这样更加平等。

窦文涛： 这其实跟经济有关，是吧？在日本，一个男人养着几个女人的情况多吗？

加藤嘉一： 没中国多。男人把找情人当做一种荣耀，很酷。有些男人，有什么样的老婆无所谓，但有什么样的情人很重要，情人让他很有面子，情人跟面子是有关系的。

窦文涛： 日本这情况呀？

加藤嘉一： 但我不认同，我是个旁观者（笑）。

窦文涛： 这种心理我也看到过，有报道说少数贪官开会都不带自己的夫人去，带的都是自己的女朋友，你要没带，你就没面子。

加藤嘉一： 对啊，我在中国也遇到过很多。（广美作惊讶状）

窦文涛： 广美，不要假装惊讶好不好，你在中国见得还少吗？

孟广美： 就算见到，我也不会知道，人家身上又不会贴个标签，我是某某高官的情人。

窦文涛：不一定是情人。我跟你讲，我认识个 60 后，早年去了新加坡，后来带着老婆回内地，参加大学同学聚会。一聚会他才发现，同班男同学的太太怎么都这么年轻呀？后来知道，原来这里面没有一个是太太。他无限神往，很快辞了新加坡的工作，回到了内地（笑）。

孟广美：那我真是太落后了！可能我电影看多了，对日本这种所谓"第三者文化"，还停留在比较悲情的印象。像加藤说的，日本人生活压力大，地方又那么小，有个情人很正常，大家默认的。但这种"我很压抑，我很痛苦，我没有办法只好找第三者"的情况，怎么被讲得好像都可以搬上台面了呢？

加藤嘉一：悲剧到了一定程度，就变成一种非常娱乐、放松的东西了。比如你已经四五十了，也有了孩子，在这种不可能离婚的情况下，夫妻双方就开始互相尊重，甚至互不干涉，你忙你的，我忙我的。尤其是日本的家庭主妇，我一个人维护这个家庭，你在外面七搞八搞，那我凭什么不能找情人呢？

窦文涛：她一般找什么样的呢？是你这样的小帅哥吗（笑）？

加藤嘉一：我从来没被找过。她们找的应该是同龄人吧，或者说男人找年纪小的，女人找年纪大的。就像今天在中国，很多二三十岁的年轻女孩子都喜欢年纪大的。还有，日本人比较害羞，在公共场合要扮演得比较乖，所以日本的情人在公开场合是不露面的，只能在私人场合出现。日本有很多情人宾馆，都不用给身份证，可以用假名登记。在那种地方大家都是默认的，互相装做没看到。

日本人不避讳寻花问柳，他们将色情当做一个行业来经营，这种放任态度潜移默化地改变着普通民众的生活。最显著的例子就是风靡至今的"情人旅馆(Love hotel)"，类似时下的"钟点房"，在东京、大阪等大城市的繁华地段，"情人旅馆"随处可见。入驻情人旅馆的人，既不用登记，也不用出示身份证，填补了公众对隐私要求很高的空白。在装修风格上，这些情人旅馆各式各样，极具情趣性，满足社会各阶层的情趣需求。而情人酒店并非都是男女偷情的场所，很多夫妻也会光顾情人酒店，暂时离开有老人、孩子的家，重温一下二人世界。

情欲问题怎么办

窦文涛：我觉得日本人气质里好像有一种阴冷的东西。当年黑木瞳主演的《失乐园》，让人感觉日本的这种情人关系到最后是可生可死的。而且在村上春树的小说中我也发现，日本女孩玩得好开放。两个女孩相约到酒吧，看好了两个中年男人，玩这么一晚上，第二天洗得干干净净，就像什么事也没发生一样。真有意思！

加藤嘉一：是挺务实的，也说明日本这个社会挺有压力的，在这种压力下大家找情人可以说是一种潜规则。

孟广美：年轻女孩能有多少压力？她是为了要情感的宣泄？肉体的满足？还是为了要在物质上有所收获呢？

加藤嘉一：都有。包括高中生的"援交"[1]，现在都成了社会问题。对那样大的女孩子来讲，她们可能是为了钱，但对一个已经工作的大人来说，这时候更多的是为了情感上的温馨。

窦文涛：最近我看了一个关于援交少女的电影，一下子就加深了我的理解。你不能简单把它当成一种卖淫行为，它实际上代表着未来社会的一种生活方式，就像现在年轻人在网上，在 facebook 上交朋友，然后见见面一样。如果你是个帅哥，她甚至可能不收你钱，咱就玩这么一晚上。我看上了一个包，想买下来，就在网上拍卖我的处女夜，而且我还要看看出钱人的长相，如果长得不顺眼，我还不要你。性关系的观念完全改变了！

加藤嘉一：这种情况在中国多吗？

孟广美：问文涛，我答不了（笑）！

窦文涛：我又不是这个行业的，问我干什么（笑）！你是这个行业的，张爱玲说过，女人是同行！

苏青与我，不是像一般人所想的那样密切的朋友，我们其实很少见面。也不是像有些人可以想象到的，互相敌视着。同行相妒，似乎是不可避免的，何况都是女人——所有的女人都是同行。

[1] 援助交际指日本少女（特别是尚未走向社会的女子高中生），接受成年男子的"援助"——日元、服装、饰品、食品等物质享受；成年男子接受少女的"援助"——女性身体的奉献。"援助交际"现在成为日本社会一个越来越令人头痛的问题。

——张爱玲《我看苏青》

孟广美：根据我的同行经验——当然我的同行是 60 后，跟 80 后、90 后不太一样，我身边的女朋友面对老公的外遇或者夫妻感情淡漠的时候，尤其看到别人甜甜蜜蜜，她心里就特别酸——为什么我老公不疼我？想当年，我老公也对我怎么怎么好……所以她有时候可能约两三个女朋友出去狂欢，打扮得争奇斗艳，只想看看今天谁能得到最多人的搭讪，她要的不是结果，而是从这种猎杀中找到的乐趣和快感。

窦文涛：这是因为现代人精神空虚，心底荒凉。还有一个问题，就是情欲。人也是动物，人有情欲，怎么办？所以现在我都抱着一种同情去理解这种现象。有人一碰见这种事就站在道德制高点上，我觉得他们是没活明白，其实男女之间的事，两口子之间的辛酸，有多少不足为外人道的东西啊！不管他作出何种选择，他压力都很大，他都非常无可奈何。人间充满了各种不完美和缺陷，你如何忍心站在一个道德制高点上批评呢？

你找我也找才平衡

孟广美：现在整个社会的情况是，已经变成第三者的女人，她们满足于被男人拿出来炫耀，好像已经站稳了所谓的"小三"地位，甚至可以打电话跟大老婆挑衅。我觉得这是比较吓人的事！

窦文涛：广美马上要当大老婆了，立场马上不一样了（笑）！

加藤嘉一：我也不认同"小三"的普遍化，我认为这是一个错误的现象。

窦文涛：那正确的现象应该是什么呢？

加藤嘉一：我们只能请长辈指教了（笑）。

孟广美：我觉得所有的东西都有一个保质期，你不可能要求爱情永远处在一个最新鲜美味的情况下。所以爱情，不管现在怎么美好，将来都可能伤害到你，要做好心理准备。

窦文涛：愿赌服输嘛。我觉得这里面还有个期望值过高的问题。很多人过了一辈子，最后才明白，原来夫妻就是过日子这回事儿。可是你知道吗，我们本来的希望是完美的，本来是带着一个梦去找寻的：要是能找到这么一个人，琴瑟和鸣，举案齐眉，性生活永远愉快，永远可以无话不谈，多好啊！可是最后呢，伤透了心之后，大部分人降低要求，回归到过日子上来。你可以有一个现实的、安稳的婚姻关系，但你心里面那个不满足又永远在涌动，是不是这么回事儿？

孟广美：所以文涛叔叔，作为一个经验丰富的长辈，你觉得应该怎么解决这个问题呢（笑）？

窦文涛：这方面我已经退出战场变前辈了，希望在加藤身上（笑）！

加藤嘉一：80后好像没啥希望。反正在日本，我有很多做别人情人的女性朋友——

孟广美：职业情人吗？

加藤嘉一：差不多。她们知道对方是有老婆的，也知道没办法跟他结婚。有些人会争，但据我所知，绝大多数情人是不争的，她们明白这就是现实，这就是人类社会。

在日本，有一群女性，她们年轻漂亮，气质出众，开好车，住豪宅，交际于事业有成的老板、权力在握的政客等成功男人之间，靠出卖自己的肉体生存，她们就是日本的职业情人。在日语中，人们喜欢叫她们"爱人"。

日本是一个对性相当开放的社会，色情业甚至被当做"性产业"来看待，从业女子在日本的社会地位虽然不高，但基本上也不会受太多歧视。在这种宽容氛围的纵容下，许多日本少女靠"援助交际"赚零花钱，公司老板对女下属动手动脚，公众人物卷入桃色丑闻也很平常，人们似乎对这些都漠不关心。在日本人眼中，做职业情妇虽算不上光彩，但也没什么不妥。

窦文涛：老子说"夫唯不争，固天下莫能与之争"[1]，要能懂得这个道理（齐笑）！要不现在都把女人说成谋略家呢，我觉得也是，往往那种争的、闹的、急的，最后真的是竹篮打水一场空。

加藤嘉一：我觉得作为一个男人带着

[1] 出自《道德经》：不自见，故明；不自是，故彰；不自伐，故有功；不自矜，故长；夫唯不争，故天下莫能与之争。

"男尊女卑"的观念是错误的。在外面有情人的情况下还在家里装，是你没照顾好家庭。在这种情况下，太太也应该有所作为。

窦文涛：应该让自己的太太有所作为？！不能光顾着自己（大笑）！这应该也是你们的一种民族性吧，把享受权利都说得都像承担义务一样（笑）。

加藤嘉一：比如老公在外面找了女人，如果妻子说"我不能接受，我们离婚"，这就等于屈服了。按照日本人武士道的精神，你是不能屈服的！你找！好，我也找！这就是日本人的执著。各找各的，这样就平衡和谐了。

窦文涛：和谐社会啊，以自裁的方式得到了（大笑）！

加藤嘉一：日本是以"和"为贵的（笑）。

处女膜修复刺激经济

窦文涛：我们的"和"不是这样的，我们是劝架解纷的"和"。说到这儿，我想起一个人来，上海阿姨——柏万青[1]。她一看就是那种典型的街道居委会大婶，很热心，

[1] 柏万青，1949 年 11 月出生。现任上海市人大代表、上海东方电视台娱乐频道《新老娘舅》节目明星调解员，《笑林大会》节目特邀评委等。2011 年 3 月，她在电视节目中告诫所有生活在上海的未婚女青年要自尊自爱、不要过度放纵，强调"贞操是女孩给婆家最贵重的陪嫁"，引发了近年来少有的关于女人"贞操"的大争论。

到处给人排难解纷。最近她说了一句话引起很多议论，她说女孩子不能乱来。说白了就是女孩子不能随便跟男人睡觉（齐笑）。

加藤嘉一：当然了，这是常识，连我国 AV 产业高度发达，都这么认为的。

窦文涛：阿姨一句"女孩的贞操是给婆家的最贵重陪嫁"一石激起千层浪，现在"贞操"都成了"两会"话题。

孟广美：我觉得这在现今社会有一点难度。

窦文涛：为什么有难度？很难守得住吗？

孟广美：前段时间香港对青少年进行调查，结果 13 岁已经有性经验的人比例非常高。女孩子要守住这个陪嫁品太难了。但这位阿姨说要爱惜自己的身体，不应该随随便便跟人上床，我还是比较赞成的。

加藤嘉一：在日本，贞操涉及面子。我们上初、高中的时候，就常常公开讨论"你还是不是处男，你还是不是处女"。要是 15 岁你依然是个处男，那你很没面子。

窦文涛：那要依然是个处女呢？

加藤嘉一：似乎也是没面子的事。我觉得是不是处男、处女，是个人选择问题，你想献给谁也是自己决定的，这是隐私。

孟广美：你这话前后矛盾了，你觉得这东西是隐私，但事实上你们好像又是为了要得到所谓面子上的光荣，才去做这件事。做了不就是要拿出来公开讨论吗？

加藤嘉一：日本是菊与刀两个极端，既开放又封闭，既外向又保守，这是日本人的特点。

窦文涛：还真是！最近我看到一则社会新闻，河北一老翁，

70 多岁了，脑溢血，到医院检查，出院的时候一看收费单，其中有"处女膜修复术"330 块钱，这哪儿跟哪儿啊！但平心而论，这说明什么？专门修复处女膜这个手术，有这么大的需要！大到以至于医院都有一个明确的收费项目了！看来很多女的都做这个。日本有这行当吗？

美国学者鲁思·本尼迪克特运用文化人类学的方法，用"菊"与"刀"来揭示日本人的矛盾性格，即日本文化的双重性，如爱美而黩武、尚礼而好斗、喜新而顽固、服从而不驯等。恬淡静美的"菊"是日本皇室家徽，凶狠决绝的"刀"是武士道文化的象征。由此入手，进而分析日本社会的等级制及有关习俗，指出日本幼儿教养和成人教养的不连续性是形成双重性格的重要因素。

加藤嘉一：没听说过。

窦文涛：我看报道说在中南某省有些从事性产业的女的，她们去做这个手术是为了赚钱，比如一次可能就有 5000 块钱破处费什么的，破了再做，循环挣钱。

加藤嘉一：循环经济啊。可能在日本一些歌舞伎厅有类似这样的产业吧，但不是公开的。而且在日本看别人病历清单是件非常不礼貌的事，这样公开讨论我很不习惯。

窦文涛：那我再给你说一个例子，这事儿还是我们中国人民跟日本人民学的，但是学了之后就把它中国化了（笑）。也是发生在中南某地，说公检部门接到举报有人开妓院，就去抓了，去了一看，发现没有妓女。你知道明码标价卖什么吗？跟巩俐睡200 块，跟二线女明星睡 100 块，什么章子怡、赵薇、范冰冰都有，交了钱之后进去一看，是个充气娃娃（齐笑）！就是你们日本产的！当然最后给抄了，抓进去之后法院说这玩意儿充其量算自慰，最后无罪释放了。

加藤嘉一：太绝了！这肯定是社会发展到一定程度才出来的贸易。

窦文涛：源头是你们日本，流毒很广（笑）。

女人乱搞就贬值？

窦文涛：广美，我忘说了，充气娃娃女明星的名字里可能也有你，我漏了（大笑）。

孟广美：文涛你太不厚道了吧！一个充气娃娃要收那么多钱，干脆直接买充气娃娃得了。

窦文涛：这在我们这儿都算淫秽品产业，在日本——

日本的成人用品市场一直都是世界上最繁华的成人用品市场之一，新品层出不穷，引领着世界成人用品的浪潮。

现代的充气娃娃是战争中发明的。"二战"期间，为防止德国士兵与占领区"非雅利安血统"的妇女行欢，杜绝性病在纳粹军中大面积蔓延，希特勒亲自授命党卫军司令秘密研制一种与女性生理结构相仿的充气娃娃，以解德军燃眉之急。

战后充气娃娃在各国上市，而在日本人的精湛改造下，充气娃娃造型终于以假乱真。近年来发展到采用具有形状记忆力的凝胶体制造，触感与真人皮肤、肌肉无异，并有球状关节，甚至可做出不同动作。

加藤嘉一：我们是直接卖的。但是中国的中介很发达，各种各样的中介收很多费用。

孟广美：论次卖我觉得太贵了吧。

窦文涛：没错儿，太贵了！我觉得这侵犯人家女明星的肖像权嘛，人家招谁惹谁了，谁允许你把我弄成这样（齐笑）？

孟广美：你在家里抱一枕头，爱叫它什么名字就叫什么名字。

窦文涛：但你不能营业呀。咱们想一个问题，贞操是一种物质器官的贞操呢，还是一种精神上的贞操？我觉得这个世界从来分两层，一层叫现实，爸爸妈妈说的话往往是现实，另一层叫理论或理想，李银河说的话往往都是理论或理想，就是道理是对的，可是现实不是这样的。好比在中国，说难听点女人乱搞就吃亏，女人乱搞就贬值！你可以说男人这种观念不对，可是我也是男的，我可以告诉姐妹们，你要是这么搞最好偷偷的，万一名声在外了，你在男人们眼里真就贬值了（大笑）！从某种意义上，这对女性是不公平，可是为什么又有这个东西呢？

加藤嘉一：我没办法回答，因为"不要乱来"这个问题男女是一样的。为什么男人可以站在道德制高点上指示女人不要乱来？难道男人就可以乱来吗？

孟广美：我觉得这涉及男女生理需求的问题，男性可能因为生理结构，需求比较多。

加藤嘉一：女人没有吗？

孟广美：女人当然也会有，但我觉得女人比较被动。男人是感官动物，所以贵国才会有这么大量的 AV。

窦文涛：AV 绝对是男性立场。

加藤嘉一：但女人也在看啊。在日本我们是男女一起看，要不女人怎么学习呀？不要以为女人完全靠现场，当面学习的，她们提前都有这么一个过程。

窦文涛：前一阵我一对儿朋友结伴到日本去玩，发现贵国其实挺闷骚的，到处都是充气娃娃商店啊，而且常常是男女两个去，当众比划绳子怎么绑。女的一看就是个白领，可是她也参与。按照咱们落后的看法，这女人是不是有点轻微的受虐心理？她们能接受这么玩？

加藤嘉一：日本人本来就有自虐的心态，我多次强调过，女人更喜欢被进攻。

窦文涛：你这是代表少数日本妇女（笑）？

加藤嘉一：不，我代表广大日本人民（笑）。

窦文涛：广美，你觉得你能理解吗？

孟广美：我觉得不要一竿子打翻一船人，你怎么不说日本男人更有攻击性，女人为了迎合男人的需求只好受虐？

加藤嘉一：分两种，SM 嘛，你是进攻性的还是防御性的，我是比较 M 的，防御性（笑）。

窦文涛：你真是把日本人的灵魂暴露出来了（笑）！

各花入各眼

孟广美：我们那个年代女性受的教育跟现代女孩子不一样，南方跟北方的女孩也不一样。以前我住在香港的时候，有一个女朋友结了婚，她跟我讲，宁可让老公到上海去出差，也不愿意让老公去北京出差。

窦文涛：为什么呢？

孟广美：她觉得上海女孩子比较精明，在没有什么好处的前提下，是不会让她老公尝到什么甜头的。但北京的女孩就比较猛，大情大性，如果你有才，外形又好，她们不需要什么利益，直接就送上门了。

窦文涛：所以这是各花入各眼。我一个走南闯北的朋友跟我说，上海女孩要你的钱，北京女孩不要你的钱，要你的命（笑）！

红颜薄命是场高贵的痛苦

很多剩女，她们一方面要找有条件的，有车有房，另一方面，她还不愿意进入一个没有爱情的婚姻，为了结婚而结婚。

对男人来说，女人有两种类型，一种是圣母型，一种是妓女型，男人选择老婆，通常会选择圣母型的，但他永远想去勾搭一个妓女。

现在有一个词叫"恋爱条件化"，这是新时代的恋爱方式，跟咱过去想象的"问世间情为何物"不一样，现在谈恋爱的条件是"有车有房、父母双亡"！

窦文涛：前段时间有个活动——"随手拍解救大龄女青年"，公司一位男同事就把杨娟的照片发到了需要解救的大龄女青年里面，哈哈。

杨　娟：那我可以告他吧（笑）？

梁文道：我们支持你！

窦文涛：当然可以告他。现在律师们都讲了，这是侵犯人隐私的问题。

杨　娟：他确实没有经过我允许，但后来我想还是算了——

受到广泛关注的"随手拍解救流浪儿童"微博的启发，2011年2月10日晚，一个叫做"随手拍解救大龄女青年"的账号出现在新浪微博上：

欢迎星探、熟女控、婚介所关注本账号。建议：见大龄女青年，随手拍照，写清楚时间、省市、街道等详细信息，发自己的微博并"@"到本账号。

无厘头又有点小清新的风格立马受到网友关注，粉丝数很快从三千突破一万，成为兔年开春的热门话题。

窦文涛：后来你好像也把他的照片当成需要拯救的男青年发出去了（大笑）。

杨　娟：他是极度需要拯救的！他的照片发上去之后，人说这叫"大龄"男青年吗？叫"高龄"好吧！

窦文涛：从他的形象上都看出绝望来了（齐笑）！

女主持嫁富豪

梁文道：在我印象里，我们公司不是有一堆这种大龄女青年吗？

杨　娟：对，以我为代表的一大堆。

窦文涛：像你们这种大美女，一般有两种评价，一说你们是剩女，一说你们是"高不成、低不就"的单身贵族。

梁文道：我看公司这一票人都有结构性问题，哈哈。

杨　娟：其实最重要的原因是公司太偏僻了，上哪儿去认识新面孔呀？

窦文涛：公司在香港大浦工业区，要找只能找打劫的（笑）。

杨　娟：组织上必须要替我们考虑——

窦文涛：不至于吧，组织上？那天我还跟老板说，你看最近结婚这几个凤凰男主持，大多数找的都是本公司的女员工，真正做到了肥水不流外人田。但那几个女主持呢，你瞅瞅，一个个都嫁富豪去了（齐笑）！

梁文道：所以你就向老板表明了男员工的忠诚——

窦文涛：老板为什么不让我们男员工成为富豪呢，对吧？

杨　娟：你已经是富豪了！不过我觉得作为一个大龄女青年，确实有一个问题：我越来越成为旁边人的负担。

梁文道：为什么？

杨　娟：所有人都在替你急！父母、朋友天天问，有没有男朋友呀，什么时候找男朋友呀？

窦文涛：我就烦这样的人！

杨　娟：问着问着我就习惯了，随便应付两句就过去了。

梁文道：你没想过随便找个男的回去应付一下家人这种压力吗？

杨　娟：如果随便找个应付，后续麻烦可能更多。

恋爱条件化

　　每当春节临近，看别人双双对对回家，而自己孑然一身，"剩男剩女"们往往无法向家人交代。为了照顾父母的心情，也为了难得的回家团聚开开心心，于是，像电视剧《租个女友回家过年》中的情节一样，许多大龄"剩男剩女"上演"租个朋友回家过年"的一幕。

窦文涛：我给你讲，任何运动都物极必反，像"随手拍解救大龄女青年"，后来有人警告说，这些信息不见得都是真的。但是这件事情本身反映了人们的一种迫切心情，因为很多发自己资料的人，都抱着这样的心理——春节回家怎么跟爹妈交代啊？我觉得中国的爹妈，在婚姻问题上，成了孩子们的一个灾区。

梁文道：他们很担心"无后为大"。

杨　娟：父母担忧的问题，有时候听上去挺可笑的，比如我妈跟我说，你现在没孩子，将来老了怎么办？

窦文涛：没结婚怎么要孩子？

杨　娟：我说老了有老了的过法儿，没什么怎么办。她说你看，我现在有你，所以这一生很完整，但是你将来老了就没有一个这样的孩子在旁边守着你。她觉得我可能会孤独终老，将来有一只猫陪着我。她想象得很悲观，但我觉得自己的生活还是挺好的。

梁文道：对呀，其实不用担心，如果你存点钱的话，老了之后可以养头小狼狗[1]，哈哈。

窦文涛：你怕老吗？像你这个年龄的女人，现在年轻漂亮，回头率很高，但接下来

[1] 既有狼的本性又有狗的特性的男人，即"二奶"的男性版本。

脸上可就爬满沧桑了，那时候怎么办？就能找着好人家了？

杨　娟：问题是我年轻漂亮的时候也没找着好人家啊。我怕老吗？当然怕老，所有女人都会怕老吧。但是现代社会给了大家更多的选择，如果一个人选择独身更快乐的话，应该尊重他选择的权利。现在很多剩女也好剩男也好，他们不结婚，并不是因为其他原因，而是很多人到了一定年纪以后，慢慢形成了自己的一种生活方式，觉得如果为了迁就另一个人而改变自己太多的话，还不如自己待着呢。

梁文道：今天中国所谓剩男剩女的问题，其实是个社会问题，它不单单是怎么看待爱情这么简单，还包括——比如很多人结婚的前提是男的要有房有车，高收入，问题是整个社会能达到这种条件的人并不算太多。

窦文涛：所以现在有一个词叫"恋爱条件化"，这是新时代的恋爱方式，跟咱过去想象的"问世间情为何物"不一样，现在谈恋爱的条件是"有车有房、父母双亡"（齐笑）！

"恋爱条件化"，是现代社会下男女的一种新婚恋观，男女之间的恋爱随着社会的变化逐渐带上世俗而且实际的特点，这是一种建立在物质基础上的恋爱观。

2011年1月，相关媒体做了一组关于大学生婚恋观的报道，网络调查中，32.52%的网友认同"恋爱条件化——老人家说'门当户对'还是有道理的"。

有人觉得，这种新婚恋观与学历无关，与地域无关，而与社会现实密切相连，"你认同，或不认同，现实就在那里，不更不变；你愤怒，或不愤怒，条件就在那里，不增不减"。

而另有人觉得，真爱在人间永远都是存在的，并不是单纯依附于物质生活的，物质是可以创造的，而真爱是不会重来的，我们在社会中享受物质生活，又得到了这上面的爱情，但是我们早已将纯真遗失在了自己熟悉的地方，爱情失去纯真的地方，我们也获得了物质，而社会也失去了仅有的精神支柱。

心比天高，命比纸薄

杨　娟：都说女人很现实，男人不现实吗？那天我看了一个帖子挺逗的，说女人上来就要车要房，男人一上来问，你身高多少，长得漂不漂亮。

梁文道：对呀，一样。

窦文涛：这就是个人肉市场。历代思想家早讲了，像恩格斯说没有爱情的婚姻是不道德的，没有爱情的婚姻等于合法卖淫。

在各民族混合的过程中，在罗马世界的废墟上发展起来的新的一夫一妻制，使丈夫的统治具有了比较温和的形式，而使妇女至少从外表上看来有了古典古代所从未有过的更受尊敬和更自由的地位。从而第一次造成了一种可能性，在这种可能性的基础上，从一夫一妻制之中——因情况的不同，或在它的内部，或与它并行，或违反它——发展起来了我们应该归功于一夫一妻制的最伟大的道德进步：整个过去的世界所不知道的现代的个人性爱。

——恩格斯《家庭、私有制和国家的起源》

杨　娟：说得太对了。很多剩女，她们一方面要找有条件的，有车有房；另一方面，她们不愿意进入一个没有爱情的婚姻，不想为了结婚而结婚，不愿意做出妥协。

窦文涛：那天有个女孩跟我聊天，说我周围人都觉得我矫情，你是不是也觉我太挑剔了？我说，为什么说"红颜薄命"呢？为什么说美女"心比天高、命比纸薄"呢？这就叫"高贵的痛苦"。因为你要求高，就像美食家，一般东西宁可饿死也不吃，这是"不自由、毋宁死"的态度，是"宁为玉碎、不为瓦全"的态度——

杨　娟：可大多数人没那么多选择，只能将就。如果一个人经济独立，精神上也够独立的话，他才可以不将就，选择一个更好的生活。

梁文道：还有一个问题，都说今天女性相当独立，但我觉得"剩女"这个词恰恰反映出社会对女人是何等不友善，多么强的一个夫权社会啊！

杨　娟："剩女"已经算友善的了，你可能还没听过"齐天大剩"什么的。有个段子说，女孩到了 27 岁还没结婚就叫"剩女"了，剩女还有很多级别，越往上级别越高，到了 35 岁就叫"齐天大剩"了，到 40 岁就叫"剩斗士"了。

梁文道：那将来一堆剩女搞派对就是"万剩节"了（齐笑）！

找个傻男人过日子

窦文涛：大家听说没，前段时间北京中关村多家 IT 公司收到一封邮件，是一个女的刚离婚的前夫和情人的性爱照片。原来这三个人都供职于 IT 公司，她跟老公结婚三年，生了个孩子一岁多，生完孩子她就在家当全职妈妈了。后来她怀疑老公在外头有人，就在家偷偷翻老公手机，IT 行业的，破解密码箱易如反掌（笑）！破解后一打开，发现了老公跟小三的短信，包括性爱照片，顺着就找到了这个情人。之后跟渡江侦察机似的，她先伪装成职业中介给这女的打电话，联系好，接着通过 MSN 跟人交上了好朋友，而且一段时间后两人还有了闺中密友的感觉。后来吃饭的时候，她亲眼看见，这个女的埋单、刷卡用的都是她老公的信用卡！然后她又把这女的手机给偷走了，发现这个情人不但跟她老公有一腿，而且跟多个男人有无数腿（笑）。

梁文道：也是公共情人。

杨　娟：这么厉害！

窦文涛：然后她把这些东西给她老公了，她老公也真够执著的，非跟她离婚不可。离婚之后，这个女的恨啊，要报复，"哗"一下把照片全发出去了。记者查了，有名有姓，人名、电话都是真的。当然这个情人说这是侮辱和诽谤，已经报案了。

梁文道：那男的可能并不太介意情人跟别的男人怎么样。也许对他来讲，他需要的是一个性的关系，并不一定要独霸这女人的一切社会来往。

杨　娟：科学研究讲，男女双方在性上的吸引力三个月就过去了。如果真是这种情况，男人可能会喜欢一个忠贞的老婆和一个放荡的情人，但是一个放荡的情人也许不光是有性方面的吸引力吧。

梁文道：如果她常常有各种各样放荡的生活，那关系就不是所谓三个月了，因为对男的来讲，这个女人是在不停变化的，变化就是一种吸引力。

窦文涛：英国维多利亚时期的学者讲，对男人来说，女人有两种类型，一种是圣母型，一种是妓女型。男人选择老婆，通常会选择圣母型的，但他永远想去勾搭一个妓女。

奥地利心理学家弗洛伊德在他的经典作品《爱情心理学》一书中，曾详尽地分析过男人这种潜藏在内心深处的"圣母妓女情结"：
　　凡纯洁善良的女子，对他们均没有魅力，情爱的诱惑力永远来自那些贞操可疑、性生活不太节制的女子。这种特征本身也差别悬殊，从爱上一个妖艳而稍有艳闻的有夫之妇，到情夫众多，有如妓女的"大众情人"，样样不等。他们要的就是这种味道，说得俗一点，这种条件可称为"非野鸡不爱"（或"青楼之恋"）。

杨　娟：你说男人会为了爱情结婚吗？

窦文涛：当然。我倒想问你，女人会为了爱情结婚吗？

杨　娟：当然。

窦文涛：我不信。我跟你说，我总是从广大妇女的切身利益着想（笑），很多女的都说爱情这东西，过了之后收获的只是苦涩，是幻梦一场，不能当饭吃，最后过日子要找个什么样的呢？找个傻男人。傻男人就是两人也没什么内心交流，不是灵魂伴侣，但这个男的能做她的 Waiter，伺候她，并且老实、忠厚，不会背叛她。我觉得这也一种模式吧，大概过日子就这样吧。但又一想，这样挺没劲的！一方面对男的不公平，她并不真的爱他，只是觉得他能够支持自己，另一方面也说明这个女的生活不能独立，灵魂不能自由。

杨　娟：这是一种很可怜的选择。女人之间经常会聊的一个话题是，你是愿意找一个爱你的男人，还是找一个你爱的男人？大部分女人都会说要找一个爱她们的男人。我不这样认为，我觉得任何人都应该找一个自己爱的人。你想，一个你不爱的人，天天24小时在你跟前晃，多痛苦啊！

剩女，一颗恨嫁的心

哪个女的心里都明白，我现在年轻，可一过三十这个坎儿，接下来是另一番行情，你不得不服从于这个大的市场规律。

意志力是说你对现有条件满足，不管以后再有任何情况，你知道这个人最适合你，不会因为旁边的花花世界分心。这是一种意志力，很难！

"盲婚哑嫁"，先上床再恋爱，洞房花烛夜第一次见面，从"形而下"往"形而上"走，反而注定很长久。

窦文涛：这个社会要和谐，得先从男女和谐开始。幼婷，我代表观众问你一个问题，你为什么不婚呢？

竹幼婷：我不婚？我已经急婚到什么地步！我现在手上戴的什么？从日本千里迢迢订回来的小手链，据说可以给人带来桃花运！说真的，奔三的时候，我开始觉得人生好像有个警报拉响了。

窦文涛：要是错过了这个坎儿会怎么样呢？

竹幼婷：会被歧视。我自己本来不急的，我爸妈也不着急，我妈相信一切都有定数，有缘人会在转角处出现。

窦文涛：说得好像歹徒在转角处出现一样（笑）。

竹幼婷：灯火阑珊处嘛。婚姻不是硬找来的。而且我跟内地接触越多以后，发现25岁小女生跟我一样急啊，我反而显得太不积极了。

窦文涛：你这叫"被急"。

竹幼婷：对，我是被社会给逼的。大家常常跟我说，幼婷啊，你是不是条件太高了，眼睛长头顶上啦！甚至有男的跟我说，你做女主持人做到任何一个地位，都不算是你人生的成功，唯有嫁个好老公才是最完美的结局。

窦文涛：干得好不如嫁得好嘛。

三十一过行情大变

梁文道：我们公司很多女主持过了三十也都没结婚嘛。

竹幼婷：她们是自愿的，我是想结婚，找不到。

窦文涛：真是一颗恨嫁的心哪！我周围有好多女的急啊——把男的吓跑了（齐笑）！有些女的，过了三十，目的性立刻变得非常强，两人一对眼，不跟你聊别的，就聊结婚。一问，这男的要是不想结婚，不跟他浪费时间！

梁文道：幼婷，在中国这么受歧视，不行找老外吧，老外不介意。

窦文涛：什么叫不介意？

梁文道：他们不在意所谓"年龄"。

窦文涛：这话潜伏着歧视——老外"二"乎乎的，能知道什么（齐笑）！

竹幼婷：其实"剩女"这词儿已经代表歧视了！你被剩了下来。

窦文涛：真的是你条件太高！最近《新周刊》做了一个"不婚物语"的封面，中国婚介行业委员会调查显示，城市婚介市场上男女比例为3∶7；2009年中国有246.8万对夫妻离婚，比上年增长了8.8%；你想租房结婚吗？97%的丈母娘不同意。

这说明了现在婚姻市场的状况。人在择偶的时候，很难不拿自己当货。可是条件是会变化的，哪个女的心里都明白，我现在年轻，可一过三十这个坎儿，接下来是另一番行情，你不得不服从于这个大的市场规律。

梁文道：基本上是把女人当成香蕉一样的货物，放久了就要腐烂的感觉。其实用另一种植物——树，来比喻可能会更好一点。通常我们喜欢老树，树越老，你越会有一种敬畏感，觉得它充满了智慧。

　　它是众望所归，也是众矢之的；它是幸福之巅，也是不幸之源；它让你出众，也让你平庸；它是你的旅程，也是你的噩梦；它是——婚姻。现在，结婚者多，离婚者多，不婚者亦多。婚姻，不再是必选项。不婚，有时是因为经济、感情、性格、经历、机遇等问题，但不婚本身并不是问题。不婚或结婚都是人生状态之一种，你必须知道自己要什么。享受不婚吧，也享受你可能遇上的姻缘。

——《不婚物语》

　　窦文涛：幼婷，等着你变成盘根老树那一天，我向你求婚（齐笑）！

婚姻要靠意志力

窦文涛：咱算领教了文道的"盘根老树择女观"。

梁文道：是不择了。女人其实可以不结婚嘛，一个人独自成长，独自衰老，也没什么大问题。不是说年纪大了就一定急着嫁人，不结婚又能怎么样呢？

竹幼婷：可对我来说，我就是需要一个伴儿。结婚或许是我对这个伴的最神圣的承诺，我会一辈子和他走下去。

窦文涛：是会变化的，结不结婚，他都可能变心。

竹幼婷：这就是为什么要晚结婚。现在很多人对伴侣的忠诚度已经没有信心了。这个社会什么都要求快速、效率、时间，好像连爱情也没有耐心去培养了。我碰过一类男生，约你一个礼拜，一个礼拜内跟你甜言蜜语，一个礼拜之后要是发觉你好像没有跟他有更进一步的想法，立刻就跟你"拜拜"。真是快速！

最近我看了一本书《爱的艺术》，作者弗洛姆是个心理学家，这本书已经翻译了 32 种版本。他说，爱是一种意志力。以前的媒妁之言，也可以白头偕老，因为我们心里面有那个意志力认为这件事情要被执行下去。如果两个人都有这样的意志力，这个关系就可以长长久久。但现在我找不到一个有这样意志力的男人。

窦文涛：我不太懂，是不是说两人已经不太能在一起了，然后还要靠着法西斯一样的意志维持下去呢？

　　弗洛姆（1900—1980），德国精神病学家，精神分析学派代表人物，著有《逃避自由》《精神分析与宗教》《爱的艺术》等。

　　人们拒绝认识爱的一个重要因素，即意志的因素。爱一个人不仅是一种强烈的感情，而且也是一项决定、一种判断、一个诺言。如果爱情仅仅是一种感情，那爱一辈子的诺言就没有基础。一种感情容易产生，但也许很快就会消失。如果我的爱光是感情，而不同时又是一种判断和一项决定的话，我如何才能肯定我们会永远保持相爱呢？

——弗洛姆《爱的艺术》

竹幼婷：意志力是说你对现有条件满足。不管以后再有任何情况，你知道这个人是最适合你的，不会因为旁边的花花世界而有所分心。这是一种意志力，很难！就像你在凤凰工作也是一种意志力，每天遇到那么多高低起伏的状况，你还愿意待在这家公司——

窦文涛：其实心里一直在花心（笑）。

竹幼婷：即使这样，你还是在这儿执行着。我就需要这样有意志力的伴侣，因为我有把握自己是这样的，这一生只要这么一个——

窦文涛：你选择了一个苹果，后来又出现了一个更好的苹果，这时候你能舍弃这个苹果吗？

竹幼婷：可以。

可悲天下父母心

窦文涛：我不是反对结婚，我是反对那种把孩子逼得春节租个男朋友、女朋友回家，为了给父母交差。有时候我真想跟一些父母说，孩子那么大了，他们比谁都急着结婚，压力已经这么大了，您就别给他们添乱了。

竹幼婷：最近有网络请我写一些跟结婚相关的话题，有个题目说如果女孩子长期不结婚而导致父母忧虑，是不是不孝的行为？我觉得好严重啊，女孩不结婚就是不孝，压力太大了吧！

梁文道：这是两代人对婚姻观念的变化。在以前或许真是不孝，对新一代人来讲，当然跟孝不孝无关。

窦文涛：有些父母想要控制孩子的婚姻自主权。我觉得这些父母真是活得太空虚了，干吗管孩子这些事呢？可悲天下父母心。而且，好多父母是商品经济下孕育长大的，真能把女儿当摇钱树！恋爱是两个人的事，一结婚就是俩家庭之间的事了。在上海的台湾男人最了解，好家伙，我不但要管她的房子，我还要管她舅舅的车，最后发现这一联姻，要负担她整个家族的生活问题。

竹幼婷：女人想，既然离婚率这么高，不可能真有人爱我一辈子，那我还不如抓点物质来得安全。

窦文涛：那天一对男女到公证处要求公证他俩的情爱关系。公证人员觉得好古怪，最后弄清楚了，原来这两人，男的是有老婆的有钱人，女的是被包的"二奶"或"小三"。男的承诺帮她弟弟上学什么的。两人相互提防着，都怕对方说话不算数，所以就去公证，证明这个女大学生必须跟这男的好五年，女大学生那边要公证这男的必须帮她弟弟上大学。最后，两人被政府公证处的人员批评教育了一顿，骂走了……

找个人来爱，怎么这么难

从某种意义上讲，女人最终是赢不了的，不管你要强也好，漂亮也好，不可一世也好，野心膨胀也好，最终你赢不了。

男人的矛盾是他需要女人，可是女人好难搞。不管什么样的女人，到最后一律现原形。

我很同情女人，她们被洗脑了，被一种单一的生活选择给洗脑了；但也没办法，不能怪她们，社会文化就是这样，好莱坞电影也一直讲这个：我要一个婚礼，一个梦，然后三个孩子一条狗……

窦文涛：有杂志做了一期"剩女"专题，广美应该有兴趣吧。

许子东：封面跟你衣服颜色差不多。

孟广美：反动词汇——"剩女"！

她们处于生命的黄金时段，在同伴谈婚论嫁、生儿育女之时，独自生活。

她们的存在是一种群体现象，一种普遍性焦虑，一种社会进步。

她们是"男女平等"观念的受益者和受害者，也是现代城市文明的弄潮儿和畸零人。

——《新周刊》

女人赢不了

窦文涛：我先念念杂志怎么说："'剩女'马上要名列教育部公布的 171 个汉语新词之一，这个词的背后其实是史上最大规模的一群拥有自我意识、独立人格和生活方式选择权的优秀女性，她们有事业和故事，有追求和要求，有技能和情趣，有圈子和朋友，只是没有结婚。她们之中绝大多数不拒绝婚姻，只是拒绝不完美的选择。她们也想找到真命天子，但或者是运气还没到，或者是未婚男人跟她们想的不一样，她们有的选择继续单身，有的被迫进入相亲和猎婚的市场。她们并不孤单，只是偶尔焦虑，社会对她们最小的帮助应该是宽容，男性对她们最大的赞美应该是珍爱，毕竟她们的状态既是自我选择，也是社会造就的结果，她们没有伤害谁。"

许子东：这段话估计是男的写的。

窦文涛：广美你是偶尔焦虑吗？

孟广美：我经常焦虑，但我焦虑不是因为我是个剩女。为什么用"剩"字，不用神圣的"圣"字？

许子东："圣"是另外意思了。

孟广美：我忽然想到文涛前两天跟我讲的那句话——女人永远赢不了。

窦文涛：不是我讲的。

许子东：他是引用联合国女官员的话（笑）。

窦文涛：没错儿，联合国女官员跟我聊天，聊到这个问题，她说从某种意义上讲，女人最终是赢不了的，不管你要强也好，漂亮也好，不可一世也好，野心膨胀也好，最终你赢不了。我觉得这句话可以作多方面理解。

孟广美：虽然我不赞成这个说法，但某程度上我必须接受。所谓的"剩女"不就是没结婚嘛。在日本，事业成功、没有结婚的女人叫什么？败犬。

窦文涛：什么意思？失败的狗（笑）？

败犬（**まけ‐いぬ【负け犬】**）：出自日本女作家酒井顺子写于 2003 年年底的畅销书——《败犬的远吠》。这是日本人给过适婚年龄而未婚女性取的戏称，其意为："失败得如丧家之犬"，通常所指年龄段，是 25 ～ 30 岁以上的已成年的女性独立个体。她们美丽而又优雅，往往有自己事业，有自己的社交圈子，唯独没有的就是婚姻。

孟广美： 事业很成功，但你没有那个标签——婚姻，就叫"败犬"。女人要结了婚呢，无非生儿育女，儿孙满堂，可那个时候你成了什么？黄脸婆。所以，不管结婚也好，没结婚也好，永远不会有一个美好的词汇来形容女人，所以某程度上，女人赢不了。

没人说"剩男"

许子东： 这些都是男性词汇，以前叫大龄青年，还算男女平等，现在"剩女"我觉得已经有侮辱性了。为什么不说"剩男"呢？为什么男人到了 40 岁没有人叫"剩男"？

窦文涛： 这个概念本身反映了，至少在中国这个社会，女性有某种尴尬。很多女性素质高、学历高、收入高，我都认为她们是强者，真强！但她们也绝不妥协，一定要找到真正符合标准的男人，才考虑组建一个家庭。当然，如果没找到，她们都做好了独身的准备。独身生活其实挺充实的，当然不排除有个情人。这种女人不占多数，女人最容易感到寂寞、孤单。我有个男性朋友跟我说，"我现在算是彻底明白了女人这个物种"，他感觉女人好难搞，甚至说如果我把自己阉了也就完了。

许子东： 阉了很多事情就做不了（笑）。

窦文涛： 男人的矛盾是他需要女人，可是女人好难搞。他说不管什么样的女人，到最后一律现原形，就是结婚生孩子，离不了这个。比如她跟你好吧，要是对你不满意，她就把你蹬了；对你满意呢，接下来她就要暗示、明示、有意、无意，一道一道，结婚生子、结婚生子。你看男女之间——

孟广美：我身边很多女孩，年纪二十末、三十初的，都抱定了"不以结婚作为最终目的"的宗旨。会不会是你朋友在跟人家交往当中自己想太多了，人家稍微越雷池一步，他就开始怀疑：她是不是想跟我结婚呢？

窦文涛：不是。很多中国女孩，爱上一个男人了，要是觉得这个男人符合她的要求，两个人就处在一种婚前状态了。以后呢？同居吗？一直同居吗？同居到三十了，即便女的不说，男的不觉得有问题吗？即便自己没问题，上面还有爹妈的压力呢。周围的、社会的，说你们俩老住一块儿，算怎么回事——

许子东：还时不时跟你说，我今天又去做伴娘了，我一个什么朋友嫁给新西兰总裁了，谁谁给她买一个"路虎"了……

窦文涛：所以我很同情女人，她们被洗脑了，被一种单一的生活选择给洗脑了，但也没办法，不能怪她们，这个社会的文化就是这样，好莱坞电影里也一直讲这个：我要一个婚礼，一个梦，然后三个孩子一条狗，一个老公——

许子东：让男性跪下来，递上戒指，把这看做女性的一种胜利。通俗电影一天到晚鼓吹这个模式，对一般中产白领的心理会有潜移默化的影响。

好莱坞电影里不乏傻大姐型剩女遇到英俊型男的爱情故事，最后无一例外以男女主角大团圆为结局，要么举行浪漫婚礼，要么皆大欢喜，已变成一种通俗模式。电影《我盛大的希腊婚礼》《剩女也疯狂》《BJ 单身日记》都是典型的剩女励志电影。

窦文涛：一次我跟一导演讲，电影最容易影响社会文化，你们为什么要形成这种模式呢？比如影视剧里，离婚的孩子是不幸的，可奥巴马不也是离婚的孩子吗？现在人类的生活方式、男女关系的选择已经多种多样了，可他们还在贩卖那种俗气的好莱坞大梦。当然我很尊重愿意选择这种生活的人，非常好。但我觉得这种强势压力——单一生活选择的强势压力还是很大的。

许子东："剩女"这个词也参与在压力里面了。文涛你怎么还不结婚？你都"剩男"了（笑）。

窦文涛：我"剩男"可以，我"剩男"到八十，我还能找二十几岁的（齐笑）！

婚姻是个人选择

孟广美： 只要有人问我为什么不结婚，我就对他说，求你给我三个需要结婚的理由。他们都傻了，最后总结出来，你可以少交点税啊[1]。

窦文涛： 我觉得这个社会要尊重每一个人在婚姻关系上的选择。人家爱结婚，不爱结婚，或者人家爱同居，爱怎么着，为什么不予以尊重？没有理由歧视不结婚的！人家不结婚每年多交了这么多税，你们还要干吗？不感谢人家，还歧视人家，想什么呢？别老觉得我攻击传统婚姻价值观，选择是多种多样的，你愿意维护传统婚姻，你愿意婚前守贞，我们都尊重，只要你高兴；但你没理由觉得别人那样选择就不对。

许子东： 社会上大多数女性希望拥有一种正常的婚姻生活，说明一夫一妻制对女性是有利的。因为男人多变。所以在我跟你好的时候，签下契约，把它固定了，以后再怎么浮动，都在这个范围内了。所以婚姻制度对女性是一种保障。

窦文涛： 那当然了。

孟广美： 我真不这么觉得。

[1] 香港有个人免税额一说，是指单身或已婚的纳税人按《税务条例》规定可享受的免税数额。由于香港实行夫妇合并评税的制度，因此，婚后对妻室的免税额包括在个人免税额内。纳税人妻室免税额从结婚的当年起获得，离婚的当年仍可享受。

许子东：对你这样的就不算（笑）！

窦文涛：咱不说别的，假如你找到一个有钱人，将来离了婚，你就能分到财产了，这个算利吗？

孟广美：OK，你已经做好了结婚的目的是为了离婚分财产！之前我跟一个所谓上三流社会的人聊天，他说一个成功男人身边需要五种不同的女人，哪五种？老婆——出得厅堂，入得厨房的老婆，这个很重要；然后，女朋友、情妇、红颜知己……如果我结了婚，我在老公面前可没法扮演这五个角色。

窦文涛：太忙了，刚解了围裙又上床（齐笑）。

孟广美：如果老公在外面有红颜知己，有情妇，有女朋友，还有一夜情，我真的接受不了。这种情况下，你觉得婚姻对我有保障吗，我有好处吗？就冲着人家说，可能离婚的时候能分一点钱？开玩笑吧！

许子东：你讲的这五种女人，不是婚姻的常理。婚姻照理说，应该是两个人在那里宣誓，不管怎么样咱都一辈子。

孟广美：你讲的那个东西是神话。

许子东：你不相信了吧。

孟广美：你相信吗？

许子东：应该相信吧。

四十岁女人找二十岁小伙

窦文涛：这玩意儿，各走各路，各找各妈，有人相信，OK，祝福你，去找吧。可一定要明白，人类的男女关系、婚姻关系一直在变化当中，它受到很复杂因素的影响。我觉得应该尊重每一个人的自由选择。上次那个联合国女官员讲得挺有意思，她说中国男人不大能欣赏成熟女人的魅力，他们往往喜欢找幼稚的，找小的。

许子东：跟日本男人一样。

窦文涛：她说女人到四十几岁的时候，是性欲最强的，这是有科学研究证明的，之所以有些女人觉得没有那么强，是受文化的影响，把她锁住了。西方人研究，四十岁的男人在性方面的需求跟女人没法比。当年孔夫子为什么不让女人出门，是很有远见的，为什么呢？男人出去乱搞，你是有限的，你能怎么着，一天二十回——

许子东：最多日播（笑）。

窦文涛：要是女人，一旦解放了，她要是出去——

孟广美：我们可以不断地滚动播出（齐笑）。

窦文涛：所以历来文化、宗教倾向于限制妇女，因为女人一旦放开，是无限的。所以这位女官员说，其实四十岁的女人就该找二十几岁的小伙子，他们一拍即合。

许子东：中国目前的情况是，男的从二十到六十，都在看女的二十这一段，所以造成了很大的不平衡。西方人想了两个方法，一是女人经济独立，减少对男人的依赖；二是扩大女人的性活跃期。你看电影 Sex and the City《欲望都市》，里面最性感的、偷看男人洗澡的那个女人，已经五十多岁了。我们的电影不会这么拍，我们不会找一个五十岁的女人在那儿性欲旺盛，可人家就这么拍。

《妈妈咪呀》原来故事里母亲的角色，37 岁，让梅丽尔·斯特里普跑出来演，她五十多了，搞得三个男朋友也都五十多。这是中国老观念，应该批判，觉得梅丽尔·斯特里普太老了，演这个角色不行，结果没想到这个片子还热销。

孟广美：大卖！

许子东：说明世界上很多人对女人五十岁还在性上很奔放，是很有接受度的。

《欲望都市》是讲纽约曼哈顿的四个单身女人——在这充满欲望和诱惑的都市里，寻找真正的爱情和归宿的故事。四个女人中，以"活着就是为了干尽男人"为宗旨的公关经理萨曼莎最具代表性。她从不掩饰自己的欲望和放荡不羁，有目标就去追求，本能地展示自己的魅力，并能轻易地和偶遇的男士发生一夜情，却也永远能分清欲望和爱情……

《妈妈咪呀》主角是一对希腊小岛上以开餐馆为生的母女。女儿即将要出嫁了，母亲却从来没有告诉过她生父是谁。在婚礼之前，她寄了三张请柬给妈妈的三个旧情人，邀请他们参加她的婚礼。于是，在妈妈不知情的情况下，三个"爸爸"在婚礼的前一日怀着不同的心情再回到这个希腊小岛上……

爱唠叨是性能量转嫁

窦文涛：中国的夫妻之道，比如"黄脸婆"现象是怎么造成的？中国的模式，往往一结婚很快就混成老夫老妻了，弄到最后，左手摸右手，女人成了"黄脸婆"，男人最后到外面找新鲜去了。

许子东：女人守着孩子，保卫家园。

窦文涛：而这时候就有个现象，老公在外边找，"黄脸婆"在家特别爱唠叨。这其实是一种性能量的转嫁，她把被压抑的能量全转移到了孩子身上。

孟广美：台湾也这样。我觉得中华民族对"母亲"这个身份很神话，我有一些男性朋友，老婆生了孩子之后，他们就没法再行房了。因为他的妻子有了母亲的身份之后，他办不到了！

窦文涛：对，我觉得应该用科学的态度，至少是人类学的态度去观察我们在男女关系中出现的问题。世界上有史以来最复杂的问题，为什么不能简单用道德去评判？因为这个问题很复杂。我身边很多三四十岁的男的，他们讲这个实在的问题——对老婆没性欲了。你说他缺德？说他不忠？他跟老婆感情很好，但是床上不行了，怎么办？

孟广美：所以出去找另外那四个，女朋友、情妇、一夜情跟红颜知己。

许子东："文革"当中有个阿尔巴尼亚电影，当时的一句话引起全国轰动。有个女的做头发，人家问她，为什么你整天打扮得那么漂亮？这女的说，为了让我丈夫更爱我。当时中国人不理解这句话，结了婚了，老婆还要叫丈夫更爱自己，还刻意去打扮，觉得这是很奇怪的一件事。

孟广美：觉得她是个不守妇道的人。

窦文涛：现在打扮我觉得也没用了。

许子东：有个作曲家叫 Andrew Lloyd Webber[1]，新出的一部歌剧里有首主题歌叫《我的心学得很慢》，里面有一句歌词，"无所谓输，无所谓赢"。他对爱情的总结就是，到最后无所谓输赢。

Why is love cruel

I wish I knew

Say what you will

It doesn't matter

Until I die

There's only you

Until I die

There's only you

The heart is slow to learn

[1] 安德鲁·劳埃德·韦伯（Andrew Lloyd Webber），作词、作曲家，1948 年生于英国伦敦的一个音乐世家，创作了大量的音乐剧作品，代表作品有《猫》等，多次获得国际音乐大奖。在欧洲有这样一种说法：韦伯是我们这个时代的舒伯特。

韦伯的《The heart is slow to learn》，一般译为《痴心难改》，中间一句"It doesn't matter until I die, There's only you until I die"，"谁赢谁输已不重要，一生一世只有你"，缠绵悱恻，饱含深情。

孟广美：爱情没有赢家的。

许子东：所以女的从来不赢，男的也未见得能赢。

窦文涛：男的更不用提了！

孟广美：阉了就赢了，文涛（齐笑）！

窦文涛：对！男的更是"败犬"，丧家之犬。我向来尊重女性，但我同时也有一个偏见，算是一种人生的感慨吧，我觉得女人天生跟痛苦相连，这个东西赢不了的。我常常半夜里就替女人发愁，女人条件越高，越想找更高的，而更高的男的，却有条件找更小的女人……

宁可错过三千，不愿错嫁一个

人一旦开始炫耀自己的生活状态，这人就有点内心凄楚了。

现在的社会，男性是在一夫一妻的法律下寻找一夫多妻的可能性，而这种可能性连男人自己也觉得是犯罪。

人在世界上就活几十年，你跟一个人生活在一起建立的各种细节，足以克服那些地位、名声、钱，到最后你人生快走完的时候，回头看什么最重要？还是那些细节最重要。

窦文涛：广美现在可以办"剩女成功学习班"了。

许子东：收费传授（笑）。肯定很多人想学一招——

窦文涛：成功经验报告会嘛！

奔波多年并自嘲是"剩女"的大龄美女，锵锵的老牌嘉宾——孟广美终于迎来了自己的幸福。2010 年 10 月，43 岁的广美与未婚夫吉增和在台湾远东饭店举行订婚宴。现年 50 岁的吉增和是地产业老板，身家保守估计 20 亿，两人恋爱 10 个月后决定结婚。之前情路坎坷的孟广美，终于摆脱"剩女"一称，找到了自己的真命天子。

找一个能仰视的男人

孟广美：从我开始谈恋爱到现在，大部分时间都处在一个谈恋爱的状态里面，不管我有没有结婚，我一直不是单身。我是一个非常崇拜爱情、相信爱情的人，即使很多人说什么我命运多舛啊，爱情路上怎么怎么着的，我也从来没有放弃过爱情。你们两人逼问我，到底想要嫁个什么样的人？我觉得我需要一个被我仰视的男人。

许子东：对对对，我就推荐她找篮球运动员（笑）。

孟广美：我相信所有女人寻找的都是一个能被自己仰视的男人。

窦文涛：为什么呢？

孟广美：必需的！但要看你崇拜些什么东西，有些女孩子可能想要一份安定的生活，找个公务员就嫁了。我单身的时候，很多人要帮我介绍一些教授、公务员什么的，对我来讲，这些是值得我尊敬的人，但我是一个放养大的孩子，不是圈养大的孩子。

窦文涛：有野性的，挺难驯，是吗（笑）？

孟广美：是的，我需要找一个不但能让我仰视，而且能驯服我的人。

窦文涛：天哪，听说过美女驯野兽的，你是反过来了（齐笑）。

孟广美：这样讲有点抽象吧。我的意思是，你要相信爱情，它是会发生的。有些事情是你自己可以做到的，你要寻找的一定是一些你不足的东西。

窦文涛：一个女人自立最重要。

孟广美：是的。

窦文涛：自己能够养活自己，然后永远相信爱情，找着了就找着，找不着我自己也这么充实地过下去，对吧？

许子东：理论上是这样。但现在社会贫富悬殊这么大，经济压力这么大，很多女孩子看到身边认识的人，长得不见得比自己漂亮，也不见得比自己聪明，但她们已经在宝马车里笑了，对不对？她们的生活你得仰视，她们找到了一个能让她节约很多奋斗过程的人。

孟广美：所以我高中、大学时代身边一些长相平平无奇的，无论成绩还是工作上都没有什么特殊杰出表现的人，她们会早早结婚——

窦文涛：红颜多薄命，黄脸多认命（笑）。

孟广美：有时候真的需要自我审视，你要审视自己需要一段什么样的爱情，一种什么样的婚姻生活。我有几个女朋友，大学毕业交第一个男友就结婚了，在别人眼中他们是最幸福的，结婚十几年夫妻两人还相敬如宾，也有了小孩。你说这是不是一种幸福？可是对我而言，我更愿意有这二十年惊涛骇浪的生活，过完惊涛骇浪之后，可以再抱怨为什么我身边没有一个男人。但一开始就平静的话——

窦文涛：说得跟浪里白条差不多（齐笑）。

男人有一夫多妻倾向

窦文涛：其实我很怀疑现在所谓的"剩女"，在广大妇女中间能占多少比例？实际上她们中的很多人是处于金字塔顶尖的女人，有时候各方面的待遇还超过男的。

202

孟广美：我有一个闺蜜，跟我们同行，比我小很多，也就三十出头，身材非常好，又漂亮，小有知名度，应该是很多男人心目中的女神。她是一个对爱情非常执著的人，非常具有艺术家气息，她觉得只要两个人心气相通就可以在一起。但奇怪的是，那些她爱的男人通常跟她在一起一段时间后，就说我们两个不太合适，默默选择退出了。他们都是那种——我可以跟你在一起有一时的激情，但我没法跟你长相厮守。

窦文涛：她喜欢惊涛骇浪吗？

孟广美：不喜欢吧，她跟我是完全不同类型的人。

窦文涛：那挺没劲的（笑）。有过多年婚姻生活的许老师发表一下高见吧。

许子东：生活就像黑夜在雪地里撒尿嘛。

窦文涛：啥（迷惑状）？

许子东：那感觉你说不出来！Hard to tell。这种事其实没什么规律可找，我觉得男女之间的冲突根深蒂固。男性的本性里就有一夫多妻的倾向，既有文化的传统，又有生理上的本能。女性有没有呢？生理上很难说，文化上女性是寻找一夫一妻的，尤其在经济理由下，更需要一夫一妻。这就形成了张爱玲说的，现在的社会，男性是在一夫一妻的法律下寻找一夫多妻的可能性，而这种可能性连男人自己也觉得是犯罪。女的呢？她面对的男的是一个壶多个杯，可她不能这样做，她必须遵守一夫一妻的道德。这才是整个社会面临的巨大冲突。一般女人，相貌一般，工作能力一般，找到一个让她有好车好房的男人，至于这男人出差去干什么，她可以假装看不见。但是有工作、有文化、有自尊心、对自我要求高又相信爱情的女人，她就不愿意接受这个现实。

"妇德的范围很广，但是普通人说起为妻之道，着眼处往往只在下列的一点：怎样在一个多妻主义的丈夫之前，愉快地遵行一夫一妻主义。"

这句话选自张爱玲的《借银灯》，是张爱玲对民国时期两部同样涉及"妇德"问题的电影《梅娘曲》与《桃李争春》所作的评论。从这两部影片所关涉的伦理现象中，张爱玲提炼出一个问题："丈夫在外面有越轨行为，他的妻是否有权利学他的榜样？"

窦文涛：许老师把实话说出来了。

孟广美：那些非常追求纯净爱情的女孩子，当然不能够接受所谓的"一夫多妻"的游戏规则。还有一点，她面临的男人可能在我的女朋友面前会觉得——

许子东：自卑。

孟广美：也不一定自卑，但他分分钟钟害怕这个女孩子超越他，害怕他没办法驯服这个女孩子，所以现在才有了很多姐弟恋。我还有一个闺蜜，她比我更大，到现在还是单身，交往了几个比她小很多的男孩子。二十几岁的男孩还没有什么资本和社会地位，但这样的关系也很难办，因为这些男孩儿终将要长大，终将要面对来自社会舆论和家庭的压力。

许子东：记得《返老还童》那个电影吗？它把男女人生的各个阶段以戏剧性的方式铺开。男的老，女的小，是可以接受的；男女年龄相仿是黄金阶段；最不能承受的是男人越变越年轻，越变越帅，而女人年老色衰。那个电影可谓戏剧性地展示了世界上男女战争的生理因素。

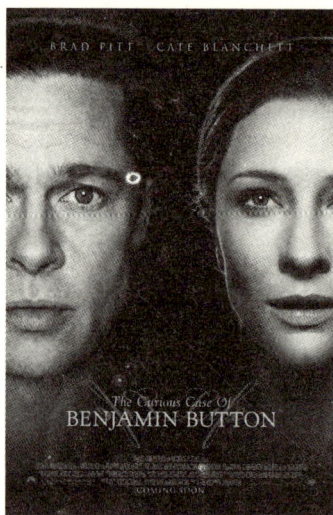

　　《返老还童》*The Curious Case Of Benjamin Button*："一战"结束后，一个叫本杰明·巴顿的婴儿被遗弃在老人院门口，他一出生就是一个古稀老人的模样，一位好心的黑人妇女收养了他……谁都没有想到，本杰明逆向发育——越活越年轻！

　　在老人院里，本杰明第一次遇到仅仅6岁的小姑娘黛茜，之后是纠缠一生的黯然和无奈……多年之后，在年龄和外表都完全匹配的情况下，两人一同度过了幸福美好的几年时光。黛西慢慢变老，本杰明却如返老还童一般沿着岁月的河流逆行而上。他们有了女儿，可是本杰明注定要年轻下去，最终变成孩童，他觉得自己无法陪伴孩子成长，选择了离开……

择偶都在规律中

许子东：告诉你那些闺蜜朋友，玩一下就行了，不要期望一个比你小 10 岁、20 岁的纯洁男生可以跟你相守到老，不行的！我讲"玩"不是说不好的意思，而是只要曾经拥有，它必然会天长地久——在你的心中，要把它看得很美好。

孟广美：她不需要，她的要求比较特别，她不要求男人有多大成就，只要跟她在一起开开心心过日子就够了。

许子东：但是你要明白，当一个女生说"你只要跟我一起开开心心"的时候，这个男的心里已经自卑得一塌糊涂了（笑）。

孟广美：我觉得她一开始的想法很简单，但日子长久之后，才会觉得为什么我身边的男人所有的事情都要等我去发号施令，等我来告诉他怎么做，甚至生活的零用钱都要我给他？

窦文涛：她发现她不是姐姐，而是要当妈了，是这意思吗（齐笑）？

许子东：广美讲女性一定要找一个能让自己仰视、崇拜的男人。这恰恰是女性主义要批判的东西，这正是男性社会对女性的塑造，从古至今要把女性塑造得崇拜男人，这样才形成了男权。

窦文涛：真是这样。你说女的能不能俯视男人呢？能。但因为文化的原因，我们觉得这样的女人不可爱，这样的女人太霸气。现在社会里也有这样的女人——

孟广美：我身边也有大把这样的朋友。

窦文涛：她认为老公就是自己的仆人，找老公就是找 waiter。

你会发现，女人的野心要是上来了，我的天哪！太让人讨厌了，虽然男人野心家也讨厌。有人觉得，择偶就是"从心出发"，就是"我心狂野"，或者"虽九死其犹未悔"，我活着就跟着感觉走，去找我爱的人。

孟广美：为什么要从心出发？因为人的脑子有时候会判断错误。

窦文涛：广美哪壶不开提哪壶，你被欺骗也是从心出发啊。

孟广美：是啊，那是我自己作的选择，所以绝不会去怨恨别人，再怎么错，毕竟没人拿刀架我脖子上让我非得怎么着。

许子东：这就是浪漫主义的话，说人的理智会犯错误而感情不会。其实不是感情不会犯错误，而是感情犯的错误没法后悔。

孟广美：对！

窦文涛：还有一种择偶角度是从客观出发，从"天地不仁"出发，从市场、商业出发。但其实不管从哪个角度出发，你会发现，任何一个人的择偶无一不在规律中。条件好的，就拥有比较多的选择自由，条件差的就委屈一点。甚至说夫妻俩也是，当年男的追女的时候，女的条件好，男的要仰视。好！女的嫁给他多年之后，年老色衰，男的混成了个CEO，马上女的地位就下降了。我就听说过一男的跟老婆闹离婚，冷冷地说，现在不是20年前了，你明白一点吧。你想老婆听了有多寒心！

用经济学的眼光看，婚姻是一种交易，从找对象到结婚的过程就是一个寻找目标市场，考察双方需求，认同商品交换条件直到签订交换契约的过程。

——《婚姻经济学》

　　婚姻是等值交换，女人和男人在作选择的时候都会在年龄、相貌、性格、人品、文化程度、金钱和家庭背景这几个方面进行相互考量，然后得出一个总体评价。如果两人对彼此的打分接近，那么他们就会相互产生良好的印象，从而有望迈入婚姻的殿堂。

　　　　　　　　　　　　　　　　　　——作家　柯云路

　　许子东：所以才需要爱，只有"爱"这个东西能克服这一切。人在世界上就活几十年，你跟一个人生活在一起建立起的各种细节，足以克服那些地位、名声、钱，最后你人生快走完的时候，回头看什么最重要？还是那些细节最重要。

　　孟广美：你的论调跟我老公一模一样。

　　许子东：你怎么不找我（齐笑）！

世界这么乱，装纯给谁看

纯跟性无关，是一种心思的纯净。

为什么我觉得有些男人是"处女膜情结"呢？因为今天世界的乌烟瘴气，今天中国的伦理败坏，都是这帮想找纯情女孩的大哥们造成的！

我们一讲纯，就好像"纯"要跟持久放在一起，总觉得爱情要一辈子才叫"纯"。其实不一定，纯可以是瞬间永恒。

窦文涛：《山楂树之恋》上映了，微博上出现一个精辟评论——"世界这么乱，装纯给谁看"（笑）！

梁文道：说来很怪，这本书刚出的时候，出版方找我们两个去推荐，书后还印着我俩的名字，写了一句我们说过的话。但其实当时我是批评这本书的，因为那种"纯爱"在今天看来很荒谬，把一个人的性欲控制成这个样子，但出版方最后只拣好的说，好像我在称赞这本书一样。

窦文涛：我是有个朋友发信息，问我对这书怎么看，我就发条短信回去，结果最后登书封面上了。人家问我，你什么时候变成了"腰封二王子"！

梁文道：对，我是"大王子"[1]，哈哈。

真感情无关纯不纯

窦文涛：不是说这书不好，我看了之后也受感动。从这种现象里引申出来的——比如冯小刚拍的《唐山大地震》，你发现没有？在物欲横流的社会里，越来越多人有追求纯感情的需要。《山楂树之恋》也是，哎哟，

[1] 梁文道主持凤凰卫视读书节目《开卷八分钟》，意外成了"腰封小王子"。因为新书的腰封上动不动就写"梁文道推荐""梁文道、××联袂推荐""梁文道撰文推荐""梁文道《开卷八分钟》重磅推荐"……层出不穷。

选角的时候还放出风来，说到处找不到一个清纯的眼神。不少评论讲，为什么现在，尤其是城里十八九岁的女孩子，往往都有一种风尘之色？这是不是老男人的一种失落呢（笑）？

张艺谋拍摄的电影《山楂树之恋》于 2010 年上映，由艾米的同名小说改编，被称为史上最干净的爱情。小说《山楂树之恋》的封底印着凤凰卫视几位主持人的推荐语：

"它充分满足全民对感动的需要。"——凤凰卫视主持人梁文道

"我喜欢，又痛恨这样的叙述，到最后还让人肝肠寸断！"——凤凰卫视主持人陈鲁豫

"向原作者致敬，为了真情实感。"——凤凰卫视主持人窦文涛

梁文道：什么叫"纯"？外国一些女明星被认为是"纯情玉女"，

但同时人家有很多性关系。一般中国人心目中的"纯"，总是跟"处女"联系起来。所以有些"纯"我们接受不了，或者在我们看来不叫"纯"。在我看来最感人的爱情是马尔克斯的《爱在瘟疫蔓延时》，那一对人等了 57 年又 8 个月，在那段漫长岁月里，男主角仍不停地跟其他女人做爱，他要填补这个空虚。虽然这样，你不会觉得他这样做就不纯了，不会觉得他们爱情的成色随着年纪就变化了。

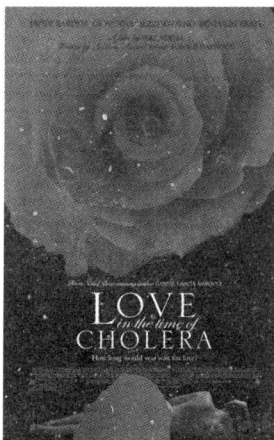

　　《爱在瘟疫蔓延时》内地译为《霍乱时期的爱情》，是诺贝尔文学奖获得者马尔克斯的一部著名小说。一个男人和一个女人，二十岁的时候没能结婚，因为他们太年轻了；经过各种人生曲折之后，到了八十岁，他们还是没能结婚，因为他们太老了。五十年的时间跨度中，马尔克斯展示了所有爱情的可能性，所有的爱情方式：幸福的爱情，贫穷的爱情，高尚的爱情，庸俗的爱情，粗暴的爱情，柏拉图式的爱情，放荡的爱情，羞怯的爱情……甚至，"连霍乱本身也是一种爱情病"。

孟广美：我觉得感情本身根本就不用讨论"纯"跟"不纯"的问题。如果是真感情，肯定是纯粹的。但在这个纯粹的外围，需要很多附带条件。有了这些附带条件，就不纯了吗？就像你刚才讲的，两个人互相等了一辈子，他们是不是每天就坐在那儿等？当然不是，日子还得过下去。日子一过下去，绝对会有一些不纯粹的事情发生。

窦文涛：没错儿，哪怕是一个 80 岁的老头，他爱上一个女孩子的时候，也是纯的。可这世界上没有一种感情是不掺杂别的东西的，活在这个世界上，怎么可能纯粹呢？

梁文道：这是事实嘛。很多中国男人对纯情女孩的想象跟追求，就是一种"处女膜情结"的放大。

窦文涛：其实我认为伊丽莎白·泰勒、玛丽莲·梦露也挺纯的，至少从表面上看，她们那种天真的性感很纯。我认识一些 40 多岁的女朋友，也很纯啊，她们也做过爱啊，而且做过很多次，现在还在做——

梁文道：将来还要做，越做越纯（齐笑）！

窦文涛：可是我跟她们谈话的时候，我还是觉得她们很天真、很可爱、很单纯啊。

梁文道：你讲的是跟性无关的纯，是一种心思的纯净。为什么我觉得有些男人是"处女膜情结"呢？因为今天的世界乌烟瘴气，今天的中国伦理败坏，都是这帮想找纯情女孩的大哥们造成的！你们怎么能再想着找一个纯女孩呢？

窦文涛：始作俑者，其无后乎（齐笑）！

孟广美：我在台湾办小学、中学、大学同学还有家人聚会，一位女同学非常气愤地发了一封很长的 e-mail 给我，说班里那个谁谁谁特别可恶。因为我有很多同学的小孩都十四五岁了，其中一位男同学就调侃女同学说，把你们女儿的名字和相片给我，省得我出去泡夜店的时候，不小心泡到你们女儿，就悲剧了！

窦文涛：这男同学会聊天吗？！

梁文道：都是好同学，讲义气你知道吗？哈哈。

窦文涛：怎么能这么说话呢？把人家妈当什么了（笑）！

纯与性要分开

孟广美：现在很多中年男人都觉得泡夜店理所当然，纯情小女孩钓老男人也理所当然。这个世界真的那么乌烟瘴气吗？不。我相信还有很多纯洁、纯情的东西在，只是你没有看见而已。

窦文涛：我也认识一个算比较纯的女孩子，挺漂亮，大学毕业要找工作了，跟我说，现在很多男的都要给她介绍工作，而每一个给她介绍工作的男的都在追她。我听了之后，对我们中的某些男人非常失望，我为我的同类恶心！就为了那点事你值当吗？要追女孩也得凭咱个人魅力、个人素养吧，帮忙就帮忙，别的事再说。拿找工作作条件，至于吗？所以你还怎么要求女孩子清纯？刚出校门一面对社会，就是你们这帮男人，你让她怎么纯！

梁文道：不过话说回来，那种十几岁去欢场、夜店钓老男人的女孩难道一定不纯吗？我觉得未必。我在香港给一些性工作者讲课，有些很年轻的小女孩过来跟我聊天，讨论问题，你会觉得她们其实很可爱、很单纯，跟其他女生一样。

窦文涛：有时候遇见一些女孩，在夜店里是一个面容，比如"风尘"，但下班之后，跟自己的家人在一起，完全判若两人。这该怎么理解？我觉得现在很多女孩存在一种对付成年人社会的心理，你们男人想要得到我的身体，那我也利用你们得到我想要的东西。这实际是她们对社会规则的认识，并不代表她真的就"脏"了。

梁文道：在内地我会遇到一些女孩，她们是那种积极上进型，想尽办法百般讨好上级、老师、教授，做先进党员。同学一做错什么事，思想一出什么状况，她们就跑去告密。她们没有出去做性工作，也不谈恋爱，非常纯洁，只想上进。但我不会觉得她们"纯"，觉得怎么这个人的心思会是这个样子？！所以什么叫"纯"呢？要把"纯"跟"性"分开。你看，广美就很纯嘛，太纯了！哈哈！

窦文涛：绝对纯（笑）！

孟广美：不是（笑倒）！人家说《山楂树之恋》是老、中、青三代秒杀！进去之后，无论你是人到中年，还是——

窦文涛：都叫你泪流成河吧！

孟广美：所以我觉得，爱情真是宇宙间最大的一种力量，它可以存在于十几岁的少男少女身上，也可以存在于我们这种中年人，甚至于六七十岁人的身上。我相信有纯粹的爱情。

窦文涛：没错儿，我也相信。而且大奸大恶之人，也会爱上一个人——

梁文道：当然，而且也有人爱他。

孟广美：而且他还是他妈生出来的。

窦文涛：所以有人说，爱情其实不属于你，它是上帝的礼物，是那个丘比特射箭，"啪"一下，射中你了！你过电的时候是很纯的，没别的想法。可是你要说永远会这样吗？不。上帝的礼物，上帝随时能收回去。没了，也就真没了，一点办法都没有。

孟广美：爱情除了有所谓态度，还得有表达方式。前段时间不是有句名言，说"我宁可在宝马里哭泣，也不愿意在自行车上笑"。是不是有宝马车的爱情就不纯粹了呢？其实不是。对我来讲，我不但要在自行车后面笑，我也要在宝马车里笑，我要靠自己的能力在宝马车里面笑，但我还要找到一个愿意骑着自行车陪我一起笑的男人！有宝马车并不代表你的爱情就不纯粹了。

窦文涛：没错儿，说得太好了！你看现在广美，还有我们子墨、戈辉，她们的爱情都非常纯粹——

梁文道：虽然她们都坐在宝马车里面笑！哈哈哈！

男人也可以"纯"

梁文道：我们一讲"纯"就讲纯情的爱情、纯情的女孩，好像很少去讨论纯情的男孩。

孟广美：是不是男人就不需要纯呢？

梁文道：反过来讲，假如有一个男孩很清纯，大家会怎么看呢？

窦文涛：（笑）文道提出了一个石破天惊的概念！中国人这些老棺材瓤子观念真是应该改改，比如我认为徐志摩就很纯——

梁文道：对，纯情男孩。

窦文涛：郁达夫我认为也很纯。你们不要以为搞女人的男人就不纯，像郁达夫描写性苦闷，就很纯。什么花花公子，像唐伯虎，他不纯吗？很纯的，你看他画的画——

徐志摩，新月派代表诗人，风流倜傥，才华横溢，与张幼仪、林徽因、陆小曼等民国女子的情感纠缠常为人津津乐道。

郁达夫，作家、诗人。代表作有短篇小说集《沉沦》，常常描写迷惘的爱情及男女性心理等。

唐寅，字伯虎，号六如居士、桃花庵主等，风流潇洒，且才华横溢，诗、文、书、画样样精通，被称为"江南第一风流才子"。

你先走，我站在此地望着你，
放轻些脚步，别教灰土扬起，
我要认清你远去的身影，
直到距离使我认你不分明，

再不然，我就叫响你的名字，
不断地提醒你，有我在这里，
为消解荒街与深晚的荒凉，
目送你归去……

——徐志摩《你去》

　　"对于一个洁白得同白纸似的天真小孩，而加以玷污，是不可
赦免的罪恶。我刚才的一念邪心，几乎要使我犯下这个大罪了。幸
亏是你的那颗纯洁的心，那颗同高山上的深雪似的心，却救我出
了这一个险。不过我虽则犯罪的形迹没有，但我的心，却是已经
犯过罪的。所以你要罚我的话，就是处我以死刑，我也毫无悔恨。
你若以为我是那样卑鄙，而将来永没有改善的希望的话，那今天
晚上回去之后，向你大哥母亲，将我的这一种行为宣布了也可以。
不过你若以为这是我的一时糊涂，将来是永也不会再犯的话，那
请你相信我的誓言，以后请你当我作你大哥一样那么看待，你若
有急有难，有不了的事情，我总情愿以死来代替着你。"

——郁达夫《迟桂花》

　　孟广美：你是在为自己平反吧（齐笑）！

　　梁文道：我也觉得郁达夫真纯，他连自己自慰、打飞机都写
出来。鲁迅等作家也打过飞机，但他们不写，哈哈。

　　窦文涛：没错儿。一个人心思透明到一种程度，不也是一种
纯吗？

窦文涛：对男人的审美观念，广美你可以谈谈，你找的那个纯吗？

孟广美：非常纯，没有任何不良嗜好，就是偶尔抽点烟。其实爱情出现的时候，你会不顾一切的，你会发现原来什么都不重要了，那时候的爱情真的很纯粹。

梁文道：有时候我们讲"纯"，有太多的社会歧见在里面。一讲纯，就好像"纯"要同时跟持久放在一起，总觉得爱情要一辈子才叫"纯"。其实不一定，纯可以是一刹那的——

窦文涛：瞬间刹那永恒……

只谈风月

Chapter*4*
婚姻昏因

昏因一时，婚姻一世。

"大小恋"羡慕嫉妒恨？

"大小恋"可是激励了我们妈对我们这些剩女的期望。

大 S 是娱乐圈的人，她的整个事业是建立在被观看的基础上的，假如她今天的约会、闪婚没人理的话，大 S 马上就要有忧郁症了。

我完全能够理解为什么大陆"富二代"想去买那样的"名牌包包"——台湾女人。台湾女人一方面很现代化，另一方面她懂得传统，懂得礼教，假如她愿意装的话，她很懂得装。

窦文涛：幼婷和马博士来了，可以谈谈"风月"问题，一个是台湾美女，一个是台湾美女的老公，正好可以研究一下"大小恋"（笑）。

马家辉：这是香港男人的悲哀，台湾美女都被大陆男人娶去了。

竹幼婷：您不是也娶了一个嘛。

马家辉：对，我太太也是台湾美女。

窦文涛：所以你们俩都是合适的人，才来谈这个话题。那天我跟一个八卦周刊的主编聊了一路，有所醒悟——什么叫关心社会啊，不关心八卦怎么叫关心社会（齐笑）？！这个社会就是八卦社会，除了八卦没别的事儿！

京城四少与民国四少

马家辉：八卦也可以从不同角度看嘛，比方说从八卦里头看出不同社会、不同地方有不同的取向，像我看到大 S 结婚问题，才知道原来大陆有什么"京城四少"。我一看真自卑啊，人家四个都是"富二代"，有钱！以前网络上有"香江四少"[1]

[1] 这个"香江四少"是马家辉编的，但是也有流传版本：陶杰、林夕、梁文道、陈志云。

的说法——

窦文涛："香江四少"都是穷鬼（笑）。

马家辉：对，有你的好朋友梁文道、马家辉，还有两个不提了，因为被抓去坐牢了（齐笑）。反正是一群倒霉鬼，跟人家没的比了。

窦文涛：但是我大胆说一句，什么"京城四少"[1]，这要跟历史上的"民国四少"也没得比！幼婷，你知道那是些什么人吗？

竹幼婷：谁？

窦文涛：你要知道，个个你都能爱上啊，哈哈。

窦文涛：民国四少里的袁克文是我极喜欢的一个人，他是袁世凯的二儿子。一定要看看关于这个人的记载，那叫一个文采风流！这么有文化的一个人混到上海，青红帮的人都拜他当"大哥"，可以想见这个人在待人处事、在江湖上是怎么一个风流翩翩的浊世佳公子！他哥袁克定非常有钱，也有政治野心，弄得他爹袁世凯非要自个儿当皇帝。但袁克文不，他非常有远见，他的诗写得非常好，我记得有一句他写给他爹的，"绝怜高处多风雨，莫到琼楼最上层"，就是

[1]"京城四少"即汪小菲、汪雨、王烁、王珂，这四人和女星的情史、绯闻，让他们走进了公众视线。

最高的地方风雨多啊，不要到最上层，劝他爹嘛！

从左至右为：袁克文，张伯驹，张学良，爱新觉罗·溥侗。当"京城四少"遇上"民国四少"，论身家、论才气、论情史、论成就，小巫、大巫各见分晓。"民国四公子"个个来头响当当，是真名士自风流。

那时候他整天流连花街柳巷、青楼巷陌，没钱之后潇洒到什么程度？他字写得非常好，到了书法家的水平。他没钱了就给人家写"钱"字，人家就把钱给他。他是直到穷得一分钱没有了，才肯提起笔来写几个字换钱。他死的时候在天津，天津所有的青楼女子集体为他送行啊。

> 乍著微棉强自胜，
> 古台荒槛一凭陵。
> 波飞太液心无著，
> 云起摩崖梦欲腾。
> 偶向远林闻怨笛，

0

独临明室转明灯。

绝怜高处多风雨，

莫到琼楼最上层。

——袁克文为袁世凯所作七律

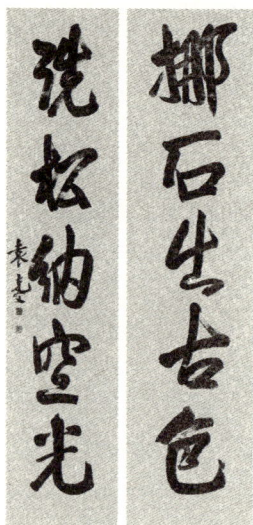

袁克文（1889—1931），字豹岑，别署寒云，袁世凯的次子，为人风流倜傥。除元配妻子刘梅真外，还娶了5个姨太太，没有名分或"一度春风"的情妇更多，据知情人讲有七八十个。袁克文自小天资聪颖，深得父亲宠爱。他不仅熟读四书五经，精通书法绘画，喜好诗词歌赋，还极喜收藏书画、古玩等。后因不善理财，挥金如土，竟至贫寒落魄。

竹幼婷：他真是口碑做出来了（笑）。

窦文涛：还有一个张伯驹，拿自己家的大宅子换了陆机的《平复帖》，这是给咱们留下的最宝贵的书法收藏，而且他长得那叫一个英俊！张伯驹娶的女子叫潘素，当年很美的。再有一个张学良，也是"民国四少"之一。

　　张伯驹初见潘素时，就被潘素的美貌倾倒，一时才情大发，创作一副对联——"潘步掌中轻，十步香尘生罗袜；妃弹塞上曲，千秋胡语入琵琶"，大获佳人芳心。其时张伯驹已有三位妻子，但对潘素却始终如一、相依相伴。婚后在张伯驹的大力栽培下，潘素成为著名的山水画家。

马家辉：后来去台湾的也有很多公子[1]，宋楚瑜、连战全是，后来都搞政治了，而且都输了，输给一个姓陈的家伙。陈水扁一路从三级贫户打上来，这叫一代不如一代。现在这一代我可不敢说。

窦文涛：不，这一代也是不错的，像小菲哥呢，我跟他还有过一面之缘，长得一表人才，而且还留学法国嘛。

竹幼婷："大小恋"可是激励了我妈对我们这些剩女的期望。我知道"大小恋"的时候人还在欧洲，我妈不顾时差打电话给我，就是为了把我叫醒，告诉我说，女儿啊，大S跟汪小菲都订婚了你这个剩女也有望了，香港现在离内地一趟火车就到了，我把你送到香港，很快就可以把你进口到内地去了。哈哈，她觉得我是嫁得出去的。

窦文涛：是不是台湾妈妈现在都急了（笑）？

竹幼婷：开玩笑嘛，但是觉得现在台湾和大陆联姻好像真的变成了一种风气，尤其是明星们和名流们开始带动起来。

[1] 国民党四公子，台湾上世纪80—90年代政坛用语，一般是指连震东之子连战、钱思亮之子钱复、陈诚之子陈履安、沈宗瀚之子沈君山。还有一个版本是钱复、陈履安、宋楚瑜和连战。

台湾新娘去大陆

窦文涛：你还真是说到话题上了，最近我的手机短信上出现了一个热词——"剩女西游"，"指的台湾大龄剩女选择大陆男子结婚的现象，此类好姻缘并不是只能出现在女星和富豪中……"说是台北二十五岁到三十五岁的女孩子当中，三个里面就有一个是单身，是真的吗？

竹幼婷：这倒是真的。

窦文涛：台北剩女剩到这么一个情况了？！

竹幼婷：在台湾其实并没有急着要把女孩子在三十岁之前嫁出去，三十五岁不结婚，大家也都觉得蛮正常的，这样的女生挺多的。所以你说剩女西游在台湾，我们会觉得是大陆男子东游到台湾了吧。

马家辉：东征（笑）！

竹幼婷：哎，这个词好！"东征台湾"，以前人家常说富豪会找个明星或者主播做老婆，就像女生买铂金包一样，铂金包一定不可以在香港、大陆买，一定要到原产地去买，要的是一种厉害的感觉。我觉得现在的富豪也有这样的心态，要远处来的老婆。

马家辉：我常听"富二代"说，娶老婆，特别是要娶有名气的老婆，去台湾娶通常可信度比较高。有个"富二代"说，台湾某阶层以上的女孩子比较见过世面，出来应对的时候，不管语言能力还是处理事情的能力都比较得体。所以假如要选有名气的女性，第一个选择是去台湾。可是换一个角度看也不无悲哀嘛，台湾地区越来越像越南啦——越南就出口新娘，以前是越南出口新娘去台湾，现在轮到台湾新娘去大陆了。

窦文涛：前几年我们做节目还在那儿控诉呢，说大陆嫁到台湾的新娘那个凄凉啊。那个时候台湾男人找我们大陆女孩子做什么"二奶"还是"三奶"啊，当然也有真结婚的，反正大陆新娘在台湾，大家都在呼吁保护她们合法权益之类的事儿。你瞧现在风水轮流转了。其实我知道啊，在早些年，不要说台湾的女孩子，就是香港的女孩子都觉得大陆的男孩子跟粗啊、脏啊、不讲究啊、土啊、傻乎乎、愣乎乎或野蛮巴拉的印象结合在一起，现在是不是——

竹幼婷：已经有所改观了。现在大陆的一些"富二代"也会被父母送到国外去留学。出国一趟，他们的世界观会有所变化。再加上中国现在富起来了，即使仅仅在国内，面对的也不只是中国的市场，还要跟外国人打交道。一个男人历练多了，见识面广了，自然更招人喜欢。台湾的女孩子一向对从国外回来的男性有种 fantasy，幻想，过去特别是对 ABC（American Born Chinese）的男孩子，现在大陆男生有了这样的背景，加上两岸是同根文化，相互之间更好沟通，就一拍即合了。

窦文涛：咱跟大 S 的婆婆张兰女士也有过一面之缘，都爱结交富豪嘛，是吧，哈哈。听说张兰女士去台湾，空中就开始喊话了，跟两岸要会谈一样（笑），都说婆婆要来了，这边大 S 的妈也挺厉害，两人见面会不会掐起来了？我当时一看就笑了，我也有台湾朋友，台湾人啊他要是想欢迎你，想让你舒服，哎哟，我可

知道，他能弄得你舒服到脚指头缝里去，温情脉脉，那个会聊天
会说话的。台湾女人也一样——

竹幼婷：我倒是觉得有一些变化。以前台湾男人喜欢包大陆
的女孩子当"二奶"，为什么？因为大陆女孩子很温柔，会撒娇。
现在相反，反而台湾女生还有一些传统的观念。像大S，在荧幕
前很强势的，在台湾什么话都敢讲，但她一碰到婆婆，立刻低调
下来，所以这个观念还是存在的。

窦文涛：媳妇儿见着婆，有理说不清，呵呵。

　　自从"大小恋"盛传伊始，大S和张兰的性格对比就成为人们茶余饭后
津津乐道的话题，台湾媳妇和大陆婆婆的相处之道，也成了人们争相猜测的
热点。

被人观看是一种危险

窦文涛：我研究这个事儿啊，还有个角度，就是说人在这种被观看的情况下谈恋爱是什么滋味呢？当然你可以说像大 S 这种人身经百战，人家心理承受力强，但我不相信。比如说家辉，哪天你在大街上走着，突然有人给你打个电话，说现在有个镜头正对着你，拍你在街上的全过程，电视直播，那你走路的时候还知道先迈左脚还是先迈右脚吗？肯定会有变化。所以这也是一种很好玩儿的"淫"（他们管"人"叫什么"淫"），像演员在话剧舞台上演戏的那种表演状态，他们讲很 high，很过瘾。一边他很投入地跟恋爱对象真听、真看、真感觉，一边又知道这是在被观看——

马家辉：这里面男女的状况是不一样的，别忘了大 S 是娱乐圈的人，她的整个事业就是建立在被观看的基础上的。假如她今天的约会、闪婚没人理的话，大 S 马上就要有忧郁症了，怎么我结婚都没人谈？但"富二代"就不一样了，特别是汪小菲，我没见过他——

窦文涛：香江四少，你是一辈子也攀不上京城四少，哈哈哈！

马家辉：那差太远了。像汪小菲，完全是掌门人的"富二代"，他不需要"被观看"来作为整个事业的基础，所以他的感觉就特别不好。特别"大小恋"的新闻出来以后，很多人都在网上爆料，说他以前追这个那个女孩子，真的假的都出来了。所以被观看的感觉还要看当事人是什么身份。局外的人拭目以待，等着观看一段本来很好的关系怎么被破坏，因为很多娱乐圈的个案都是这样的。

窦文涛：咱们揣测明星、名人，可能他们享受这种被观看的感觉，但是将心比心的话，我觉得要是生活除了工作就是被人观看，尤其是被陌生人观看，这是一种危险。我就这样理解萨特说的那句——"他人即是地狱"。要是知道有人在那儿看着我，我什么也干不了了，更别说谈恋爱。你知道恋爱当中有很多两个人之间的具体的博弈、微妙的小感觉，要都在周围人的议论之下，你的事情还能正常办吗？

竹幼婷：为什么不行呢？你发布出来的照片只有两个人，顶多牵牵手、抱一抱，但你们两个之间讲什么话，你们相处的感觉是什么，这是永远爆不出来的。我们看到的只是他们感情的表象，真正的感觉还在两个人之间啊。

马家辉：我完全支持你。

窦文涛：你要这么说，我也觉得对。比如说闪婚，要是我碰见这种情况我也闪（笑）。因为不闪不行，在这种被观看的情况下，恋情拖久了是会出问题的。

马家辉：谈恋爱有很多种嘛，关系有很多种，假如正正经经谈恋爱，被观看也没有关系，大家一起分享嘛。

窦文涛：你跟你太太的夫妻生活也请大家一起来观看和分享吗？

马家辉：我分享啊，我跟太太出去旅行，我还写文章、拍照片，还出成书呢。在这个年代，虽然狗仔队无处不在，但你能被观看到的事情，坦白讲还不到 20% 或 30%。我们可以控制被观看的程度。

微博、facebook 是调情工具

窦文涛：那天我看王菲的微博，王菲说现在写微博的自个儿都成了自个儿的狗仔，过去的狗仔队现在改行抢沙发去了。这个微博，我没开，但我身边的朋友们都开了。从他们这事儿里我意外地发现，这是一个泡妞的办法，你感觉到没有？比如咱们俩在什么场合认识了，互相交换电话太直露了，但是可以用一种新办法使大家不是那么尴尬——你去看我的微博！

竹幼婷：你跟上潮流了你（笑）！现在台湾大家都上 facebook——可能大陆比较少——还有微博，我出去常碰到男孩子问——你玩微博吗？MSN 还是文字上的问题，但微博就有图片了，它可以更直观地知道你生活的情况，而且大家在众目睽睽之下，互相直喊两人之间的秘语，更有趣了。

窦文涛：你看，我要对你有点儿意思，我不知道你怎么样，那咱们俩就有一个互相摸索的过程，要是直接联系，比较容易被人看破居心，但要是在微博上就很暧昧。大S教科书上就讲了嘛，汪小菲在微博上道"晚安"，第一个回复的人就是大S。当天大S微博的更新是"心里开了一朵小花"，这话是跟谁说呢？跟那边小菲哥说的，对吧。流露出很暧昧的气息！还有，10月6号是大S的生日，第二天汪小菲在微博上说，又到台北了很开心，83年的

什么什么，咱土了，叫不上来。

竹幼婷："1983 年 Petrus[1] 和 1962 年 Lafite[2] 你说开哪瓶？"这是在讲红酒。

窦文涛：要叫我写，我就写"83 年和 62 年的二锅头，你说开哪瓶？"

马家辉：有男人给我开这种红酒，我就马上嫁给他（齐笑）。而且我告诉你，微博也好，facebook 也好，不仅是要来调情——

窦文涛：对，这个是调情工具。

"又到台北了，很开心，迟到的十一迟到的假期……1983 年 Petrus 和 1962 年 Lafite 你说开哪瓶？"

——2010 年 10 月 7 日汪小菲的微博，透露出他不仅参加了大 S 的生日宴，还精心准备了陈年美酒。

马家辉：不仅是要来调情，而且可以用它来真正了解对方。男女朋友，坦白讲，刚交往的时候，你懂得伪装，我也伪装，对不对？可是我真心去追你的时候，我看你的微博、facebook，看你怎么样跟朋友互动，完全可以把你的背景、你的网络、你的性格

[1] Petrus，柏图斯，法国名贵葡萄酒品牌。
[2] Lafite，拉菲，最出名的葡萄酒品牌。

抓起来，我觉得这是太好的工具。

窦文涛：我就因为这个原因一直不开微博，嘿嘿。

台湾女人懂得礼教

窦文涛：哎，家辉，台湾老婆的好处还没有讲够呢（笑）。

马家辉：真的要讲好处吗？

竹幼婷：当然了，我讲叫老王卖瓜，你讲就很有说服力了。

马家辉：他们昨天晚上告诉我要讲这个题目，我几乎没睡，想了一个晚上的好处。

窦文涛：你有体会嘛，你老婆就在你身边。

马家辉：结果还是先想到坏处。我经常这样说，包括对我老婆也是这样说，我说台湾老婆是华人地区最危险的老婆、最可怕的老婆。为什么呢？因为台湾女人都爱写作，所有小有名气的人，稍有不慎离婚，他老婆一定会写书骂他的，比如李敖、胡瓜，几乎没有一个名人的老婆离婚后不写本书，里面一定把那个男人说得如何不堪的，所以那是最危险的动物。

　　多年的牢狱生活，他已经太习惯于意淫，但意念是物化的，因此在最基本的人之大欲上，他是物化的，精神层面的展现几乎完全被压抑了。换言之，你感觉不到他内心深处的爱；似乎展现忘我的爱，对他而言是一件羞耻的事。如同许多在情感上未开发的男性一样，性带给他的快感仅限于征服。那是一种单向的需求，他需要女人完全臣服于他，只要他的掌控欲和征服欲能得到满足，他对于那个关系的评价就很高，这一点你可以从他的回忆录中一览无遗。

——《胡因梦自传》谈李敖

竹幼婷：换句话说，台湾女生有才。

马家辉：除了这一点以外，台湾女人是好的，所以我完全能够理解为什么大陆的富二代想去买那样的"名牌包包"——台湾女人。台湾女人一方面很现代化，另一方面她懂得传统，她懂得礼教，假如她愿意装的话，她很懂得装——

窦文涛：哎哟，真的是。

马家辉：她们一装的话，你就什么都给她了。大陆女人我不了解，可能不懂装，或者是不屑装，根本不愿意装。

窦文涛：没有，大陆装得还厉害（笑）。大陆是百花齐放，林子大了什么人都有。

竹幼婷：所以这样一讲，可以把我的电话打到微博上去，直接可以征婚了。

马家辉：其实文涛有微博了，只是他不知道，他的微博在我的微博上面，哈哈。我每次一看到他，我就拍个照片，放在我的微博上，增加我的粉丝量。

窦文涛：我最近想拿微博泡妞呢，那现在不是泡到你那边去了（笑）。

马家辉：我替你代劳一下嘛。

窦文涛：幼婷，你觉得作为一个女孩子，像你就老成

持重准备等三十年守候自己如意郎君的，人家一下就闪婚
了——

　　竹幼婷：这很容易发生在剩女身上的，因为我们已经等了
三十多年了，你太知道自己想要什么样的人了……

不是爹不成熟就是妈太老

猎取一个年轻男人，有点像在中午喝杯美妙的马提尼。

男生可以接受一个像妈妈一样的人来照顾，这是压力逼出来的。

按照现在的趋势，女人越来越优秀，越来越强，大部分男孩子越来越自甘堕落，未来说不定会重新出现一个母系社会。

窦文涛：大八卦文道居然不知道，真是太出世了！你也要看看十丈红尘啊！大小都恋了你知道吗？

梁文道：大小恋？

窦文涛：大 S 总知道是谁吧！汪小菲你知道吗？他妈你知道，北京一个酒吧，号称是 Philippe Starck[1] 设计的，就是他妈开的。

梁文道：我们去过。

窦文涛：那是汪小菲的妈开的，京城阔少嘛。

竹幼婷：文道也是"香江四少"啊。

窦文涛：对！网上传什么"京城四少"，那都是"富二代"！马家辉说，还有个"香江四少"，谁呀？梁文道啊。

梁文道：他自己乱编的（笑），跟我无关。

名人流行"大小恋"

窦文涛：我跟你讲，"大小恋"很值得咱聊，"大小"扣着两人名字，大 S 和汪小菲；又是双关，女大三抱金砖，女大五赛老母！现在"姐弟恋"成了热门话题！

[1] Philippe Starck，菲利普·斯达克是当今最具个性的设计师，他以超前的时尚意识设计在上世纪 80 年代的设计界中占据超级明星的位置。

梁文道：他们差很大吗？

竹幼婷：大概四五岁吧，这个 range[1] 对我来说，觉得偏大。我以前没办法接受"姐弟恋"，男孩子如果不成熟的话，女生没有安全感。

窦文涛：但是随着你年龄渐长，你越来越喜欢"姐弟恋"了是吧？

梁文道：越来越喜欢嫩的了（笑，模仿幼婷腔调）！来，哪个不懂，姐姐教你！

竹幼婷：我觉得经历胜于年龄，如果经历够，年龄大小倒无所谓。

窦文涛：你看很多名人都是姐弟恋。写《情人》的杜拉斯，跟小她 39 岁的男朋友，人家说不算姐弟恋了，叫"母子恋"！还有本·拉登一儿子，找的女的年龄比他大 24 岁呢，人家是社区议员，结过五次婚，离过五次婚，生了仨儿子，五个孩子的奶奶，现在当了本·拉登儿子的二房！明星夫妻就更多了，像马伊琍和她老公文章，据说他们俩相差九岁，人家都说马伊琍旺夫！

梁文道：为什么总觉得男人应该比女人大呢？我记得上小学的时候，女生总喜欢一些比她大的师哥，对同班同学不屑一顾，一直到大学都还这样，为什么？其实是有道理

[1] range，指差距。

的，本来女性成熟的年纪就比男性要早。我们小时候，有些女生身体上都开始有变化，有生理期了，男生还在一边玩尿泥呢，成熟程度差太远了！

法国著名女作家玛格丽特·杜拉斯(1914—1996)与雅恩·安德烈亚(1953—)之间有一段惊世骇俗的忘年恋。雅恩在1980年夏天与杜拉斯相识，当时他只有27岁，而杜拉斯已是66岁。两人的交往中，雅恩是杜拉斯的情人、秘书和助手，也是她的奴隶、佣人和出气筒。1989年，杜拉斯因酗酒被送进医院，在她住院期间，雅恩写下了《我的情人杜拉斯》。之后，雅恩一直伴随在杜拉斯的左右，直至她的生命尽头。

窦文涛：但是真到我这个岁数就很难搞"姐弟恋"了，我再找一个"姐弟恋"，那她得什么岁数了，哈哈哈。你看我岁数越大，越喜欢小的，他们都说喜欢"幼齿"。

竹幼婷：老牛吃嫩草！

窦文涛：老牛就是要吃嫩草！但十几二十岁的时候，我对年轻女老师也有过憧憬啊！比如我们班最漂亮的女老师是一英语老师，我其实是个挺老实的孩子，但一上她的课我就躁动，违反纪律，实际是为了引起她的注意，能把老师气哭，算是得到了一种性满足！

梁文道：哈哈哈，你太变态了！

"姐弟恋"有理论支持

窦文涛：知道吗？我要感谢我妈，小学时候我见过我们最年轻漂亮的女老师的裸体，你们都没这经验。

梁文道：真没有（笑）。

窦文涛：那时候，我们北方人洗澡不方便，通常都被领到厂里的一个公共澡堂子里去洗，一个月才洗一回。我妈妈从小就带我去女澡堂洗，一直到我上了小学。那时候北方妇女觉得我是孩子，没什么，可是你知道吗，我已经有点——

竹幼婷：（笑）有记忆、有感觉了。

窦文涛：哎哟！进去了，好家伙！好几个女工啊！我们厂的女工一边胡噜着我，一边聊天。然后我听见外面进来一个女的跟我妈打招呼——我至今记得很清楚，夕阳从她背后照进来，哎呀！这个女人的胴体是那种S形的，逆着光，我一看，谁啊？是我们班主任！

梁文道：童年创伤，哈哈。

竹幼婷：没有，是老师青春期的创伤（笑）。我觉得文涛还是很有"姐弟恋"的潜力的！因为不管是到几岁，他还记得被妈妈照顾的那种舒适、安全的感觉。

梁文道：我倒没有，我就想逃离母亲。

竹幼婷：你妈妈太严格了。我觉得现在的中国社会给男生的压力太大了，一毕业就要攒钱，要买车、买房，还要会照顾女孩，不是每个男生都能承担得起这个压力的。所以男生可以接受一个像妈妈一样的人来照顾，这是压力逼出来的吧。

梁文道：我看过一些性学方面的理论支持"姐弟恋"，一般女性虽然心理比较早熟，但性方面比较晚熟。像文涛小学时候看到女老师的胴体，就已经兴奋地记了一辈子了，但一般女学生呢，可能到了二十几岁还迷迷蒙蒙的，甚至——听过一个说法吗？女人"三十如狼、四十如虎"。

窦文涛：这是真的。

梁文道：女人过了那个年纪之后，对性方面才开始有感觉，甚至有追求。但问题是一个男人，那时候其实已经走下坡路了。男人在性方面最有冲动、最有精力、一个晚上来几回是十几二十岁的时候。从这个角度看，"姐弟恋"是好事儿。

性科学研究给予"姐弟恋"的稳定性以许多诠释。性在婚姻家庭中占据着举足轻重的位置，而从两性性生理发展的轨迹来看，男子性成熟的高峰在 18～20 岁，以后平稳发展，到 40 岁以后则逐渐呈下降趋势，而女性往往要到 35～40 岁才能达到性成熟的高峰，很多人要到 50 岁以后方显衰退趋势。所以，相差十岁左右的"女大男小"结合，理论上讲应该是最理想的，因为双方在生理与心理上的发展可以步调一致，不仅情感上容易理解沟通，而且在性爱过程中更臻完美。

窦文涛：这方面我体会不深，但我有一些五六十岁的、亦师亦友的朋友。有一次他跟我讲，文涛我跟你说，眼睛不要老盯着年轻女孩，岁数越大的女的，那个舒服啊！

梁文道：哈哈，这什么节目啊！

窦文涛：要不怎么说雅人谈俗，都能谈到文化学、人类学上。我跟你讲，"姐弟恋"真不是少数。《英国每日快报》说："现在几乎每个上了点岁数的出名女人，身后都有一个小跟班。"小狼狗算是色情业吧。美国《魅力》杂志引用纽约时尚专家的话，"现在跟一个年轻男人约会是我们女人当中一个很热闹的恋爱趋势"。而美国版的 *ELLE* 则用诗意的语言来描绘："猎取一个年轻男人，有点像在中午喝杯美妙的马提尼。"幼婷，你觉得是不是这种滋味？

竹幼婷：有点微醺。我觉得小男生最好的是——让着女生。现在为什么剩女这么多？你经历了几次爱情，让你最气的是，这个爱情电影好莱坞演了 N 遍，可男生怎么都学不会，就是不懂得怎么哄一哄女生。小男生可能因为财力或者社会经验不足，没办法跟年龄大的女生匹敌，但是他们用另一种方法来捕捉你——对你绝对体贴！

三十几岁的男人毛病多，令人厌烦。他们一天到晚唉声叹气，有焦虑的毛病，还有严重的妄想症，以为所有女人都会想尽办法要让他们落入她们所设计好的婚姻圈套。这些日子，我就单对二十岁出头的小男人感兴趣……

——《一个单身女人的日记》

未来社会女性掌权

窦文涛：小帅哥能比我们四十好几的爷们儿更懂体贴女人吗？

梁文道：对啊，一般不是说男人越老越懂得体贴吗？

竹幼婷：错了。现在所谓的"越老"是随着年龄的增长你的事业越来越大，你越来越没有时间了。我今天要开五个会，至于小姐你，我就打个电话，送束花给你吧。

梁文道：这不是体贴，其实是全心全意。

竹幼婷：也是某一种体贴喽。

窦文涛：所以我说人类在转型，因为能这么做的女的，往往经济是独立的，用不着靠着男人赏给我 1% 的时间。现在我要将小男生拿下，你就是我的一个消遣！英国媒体就讲了，女人本季最新的装备是拥有一个比你小的男人。

她们并不需要一个大腹便便的人为她们的晚餐埋单，她们也不需要和一个与她们年纪相仿的人过一个无聊而"负责任"的周末，她们更喜欢一个阳光男孩的嬉闹和玩笑。她们希望被认为她们依然独立而且依然性感。

——英国《每日电讯报》

梁文道：以前我们总觉得女人总要找比自己大的，因为女人早熟，大几岁刚好弥补心理差距；我们甚至觉得女人要找一个能够仰望的男人，年纪比她大，经历比她丰富，经济条件比她好。这个观念在将来也许会发生一个大逆转。最近十几二十年，日本、美国，以及中国香港和台湾地区，很多发达社会都出现一个现象，就是从小学到大学，女生的成绩普遍比男生好。现在所有名牌大学里，女生比例比男生多。所以未来我们也许会目睹一个女性掌权的社会。像我们做传媒的，年青一代那些记者、编辑，几乎都是女的。可以想象，这批女的慢慢往上爬，总有一天我们凤凰的台长全都是女的了（笑）。

窦文涛：那我不明白，为什么很多女主持还嫁富豪呢？

梁文道：她们属于腐朽落后的那一代（笑）。

女人也可以"三妻四妾"

窦文涛：人的生理也在改变，人类青春期在延长，比如幼婷，长得就跟小孩一样，但实际岁数，跟前两年不一样吧（笑）。

竹幼婷：我承认。

窦文涛：不是，我的意思是说，假如你找了一个比你小的，将来自己年龄大的时候，你会不会担心他嫌我老呢？

竹幼婷：难免会有这样的想法，好在我是小孩脸，出去像诈骗集团，人家以为我二十几岁，我都不好意思说实际年龄。

窦文涛： 我告诉你真相，八十岁（笑）。

梁文道： 天山童姥啦。

竹幼婷： 女生的平均寿命本来就比男生长三到四岁。一对伴侣如果真的是"执子之手，与子偕老"，到人生最后的话，你也不希望伴侣比你走得早。所以如果我找个小的，大家可以在差不多的年龄感受到差不多的老年生活。

窦文涛： 对，到时候两人一块儿死（笑）。所以我觉得这个趋势应该发扬，四十岁女的都去找二十岁男的，然后我们四十岁男的都去找二十岁女的。

梁文道： 我觉得未来说不定会重新出现一个母系社会。按照现在的趋势，女人的确越来越优秀，越来越强了。男生为什么成绩不好？大部分男人都自甘堕落了，在小学、中学阶段，喜欢玩、喜欢闹，喜欢通过打架或其他方式显示自己的雄性气概。

窦文涛： 会不会有一天像武则天那样，女人觉得我得玩弄男人，弄一堆"面首"来玩？你觉得这对女人来说自然吗？

《辞源》解释"面首"为："面，貌之美；首，发之美。面首，谓美男子。引申为男妾、男宠。"而据资料记载，武则天称皇帝后，后宫养了很多面首，其中武则天较为宠幸的有张易之、张昌宗兄弟，沈南谬，薛怀义等。这些面首多是武则天的女儿太平公主"进献"，也有一些自我感觉良好的男子"毛遂自荐"。据《旧唐书》载，"子良宾洁自美须眉；左监门卫长史侯祥云阳道壮伟，过于薛怀义，专欲自进奉宸内供奉"。除了自己的女儿推荐、官僚推荐、男宠自荐，武则天还经常密派宫廷内的官员到民间秘密搜罗。

　　梁文道：自然吧，没什么不自然。

　　窦文涛：就是说女人也可以"三妻四妾"，可以弄一个男的"三爷"？

　　梁文道：可以。说不定我们会活着目睹到那一天。

　　窦文涛：那我还是死了吧，我不想看到那一天……

闪婚靠的是猛劲儿

在三里屯泡妞，有三种男人会成功——外国人、有钱人，还有留长头发、拿一吉他的诗人。到上海泡妞，剩下两种，外国人和有钱人；到香港兰桂坊，就只剩下一种了。

前面寻寻觅觅，像王国维说的，"独上高楼，望断天涯路"，然后"为伊消得人憔悴"，到第三个阶段，"蓦然回首，那人却在灯火阑珊处"，90分钟搞定！

男的聪明女的笨，就偷情。女的聪明男的笨，就结婚。男女都笨呢？自尽吧！男女都笨，未婚先孕。

窦文涛：袁莉来了我就放心了，你知道香港摄影师有个词儿——"省镜"[1]是什么意思吗？

袁　莉：我"省镜"吗？

窦文涛：对，把灯关了你都亮，真是天生丽质难自弃！

袁　莉：你不用这样拍马屁。

窦文涛：最近女明星离婚的特多，是吗？

袁　莉：我怎么知道人家离不离婚，人家什么时候结婚我都不知道。

才俊 = 财俊

窦文涛：最近满天都是明星离婚的，但我刚发现一闪婚的！萨顶顶，听说过吗？

袁　莉：歌手。

窦文涛：有知名音乐人透露，以独具民族特色的服装和西藏佛教色彩音乐风格屡获世界音乐奖项的歌手萨顶顶闪婚了，闪到什么程度？1月6号，萨顶顶跟北京一位金融才俊相识，两人聊得很投缘，相识仅一个半小时后，便前往婚姻登记处登记了。

[1] 省镜：省，擦拭之意。很帅，很漂亮，非常上镜，形容人的光彩可以把镜子擦得亮堂堂。

许子东：90 分钟，未央生什么事都没做完呢（笑）！

窦文涛：我想请教袁莉，听说你在才俊这方面很有见识，你怎么看男人的？

袁　莉：才俊？你就是啊。

窦文涛：我的天哪（痛苦状）！

　　萨顶顶，原名周鹏，毕业于解放军艺术学院，2004 年以"中国第一电子女声"之称推出第一张专辑《自己美》。而后蛰伏三年，改名为萨顶顶，并由国外市场作为突破口打造出了全新的"萨顶顶"音乐："极富辨识度的嗓音＋电音舞曲＋讲话般朴素的演绎方式＋中国古典佛教文化＋中华民族特有乐器＋东方神秘主义舞蹈"，发行唱片《万物生》《天地合》等。2008 年获得"英国 BBC 世界音乐大奖"，成为亚洲第一位获此大奖的歌手。

许子东：完了，被打回原形了（笑）。

窦文涛：不是，咱现在很少听说文学"才俊"了，妹妹们也不喜欢了，一说才俊就是金融界"财俊"！

袁　莉：我心中的才俊，像许老师这样，儒雅，知道疼女人，不粗鲁，有学问。

许子东：你的标准是上个世纪的。

袁　莉：现在流行啥？

许子东：现在的"才"都得加上"贝"——"财"！陈冠中总结过，他说在三里屯泡妞，有三种男人会成功——外国人、有钱人，还有留长头发、拿一吉他的诗人；到上海泡妞，剩下两种，外国人和有钱人；到香港兰桂坊，就只剩下一种了。

袁　莉：有钱人？

许子东：对，鬼佬在香港根本不算什么，所以外国人也没戏唱。现在讲青年财俊，都是光华管理学院里出来的，上市集团主席才够格！

谈恋爱≠恋爱

窦文涛：我觉得吧，女明星确实是不同族群：漂亮、有钱，又韶华易逝，而且好像她们的婚恋比她们的作品更重要似的。频频听闻有人结婚、离婚。像伊丽莎白·泰勒，一辈子结婚、离婚、结婚、离婚……到老了的时候，先不说心灵，光从表面上看，就有一种——

袁　莉： 不光女演员，普通人也会有这样的对比吧。

窦文涛： 但普通人没有受到万众瞩目啊，你看看伊丽莎白，从"埃及艳后"老成"埃及法老"了，感慨吧！

　　伊丽莎白·泰勒出生在英国，19 岁已经是超级巨星，以一双漂亮的蓝紫色眼睛闻名于世，被称为"世界头号美人"，年老之后被称为"玉婆"。2011 年 3 月，伊丽莎白·泰勒因心衰病逝，终年 79 岁。

　　伊丽莎白·泰勒和理查德·伯顿是好莱坞最激情澎湃、最变幻无常的一对儿。相似的性格使两人既不能分又不能合，他们整整纠缠了 22 年。伯顿曾经在他的日记中毫不忌讳地写道："伊丽莎白是世界上最完美、最让人狂野的情人。"两人于 1964 年在加拿大结婚，10 年后离异。1975 年，两人复合，然而仅 4 个月后又再次分裂。

许子东：女明星渐渐变老，对广大观众是一种心理安慰（笑）。他们会觉得当年你那么漂亮，你也是会变老的，然后回家看看自己老婆也不错。袁莉放心，你还很年轻！

窦文涛：一点不显老，30年前找你做节目，一点没变，真的（笑）！

袁　莉：难道我在你老家河北做过节目！

窦文涛：是不是女明星婚恋都有一种胶着，想赶紧找个合适的那种感觉。

袁　莉：怎么会呢？我觉得跟大家一样，女人都希望有人来呵护，有人来疼爱。只不过普通人没人去报道，女明星稍微有点什么事，哪怕跟一个不相干的人吃顿饭，都成了又勾搭一个！这给大家造成一个印象，觉得女明星频频换人，其实根本没有。

窦文涛：是吗？我觉得一场恋爱要是发生在众目睽睽之下，是很难正常进行的。尤其当两人都是腕儿，都挺自我的时候。

许子东：现在不单明星，包括一般人，谈恋爱的时间太多，恋爱太少。

袁　莉：什么意思？

许子东：这是《倾城之恋》里范柳原跟白流苏的台词，"我们过去都忙着谈恋爱，而没有真的恋爱"。什么叫谈恋爱呢？现在总结了一个定律，男人把所有女朋友画了一张表，最后统计出来，长得越漂亮的对他越不好，对他越好的越不漂亮。

窦文涛：动物界的规律。

柳原道："这鬼使神差地，我们倒真的恋爱起来了！"

流苏道："你早就说过你爱我。"

柳原笑道："那不算。我们那时候忙着谈恋爱，哪里还有工夫恋爱。"

——张爱玲《倾城之恋》

许子东：男人都想，怎么爱我的都不够漂亮，漂亮的都不够爱我呢？女人也有同样的抱怨，怎么上市集团主席就那么花心不可靠呢？所以，男人在所有漂亮女人里面，找尽量对我好的；在所有对我好的女人里，找尽量漂亮的。前者是浪漫主义，后者是现实主义。女人也一样，在所有对我好的人里面，找尽量有钱的；在所有有钱的人里，找尽量对我好的。大家都这么谈的时候，就叫"谈恋爱"，非常理性！什么时候叫"恋爱"呢？就是刚才讲的规律出现了例外，不适用了，所以才有人"闪婚"。仔细想想，这样的机会是不多的！上市集团主席，多金又专一，居然喜欢我？

TIMING 真的很重要

窦文涛：我觉得许老师说得有点学术概念了，好像变成了一盘生意。我承认很多时候这是客观事实，但实际情况不都是这样，找老公、找老婆绝不是那么简单的事儿，而且这个寻寻觅觅，也是有缘分的，缘分到了是什么程度？教你一个英文词儿——timing。

许子东：正好那个时间。

窦文涛：对啊，有过恋爱经验的人都了解这个，人性的多变真是让人流泪。我也闹不清，没缘分的两个人，一辈子为什么纠缠不清。你想想伊丽莎白·泰勒跟理查德·伯顿，真是冤家啊！我想跟你好的时候，你那儿凉了；你想热乎起来的时候，我这儿又犹豫。有人说过，最好的是在你最想要的时候得到你最想要的东西。

许子东：但那个最想要的时候是可以创造的。马拉默德有篇小说叫《魔桶》[1]，讲一个老头要给一个小伙子介绍女朋友，小伙子抽出来一个女的，一谈不成功；再抽出一个女的，一谈又不成功，老不成功，搞得灰头土脸。最后摸出一张照片，小伙子一看，这个不错。老头说，不行，这是我女儿，小伙子还是跟他女儿一拍即合了。最后搞清楚，全是老头制造的。

"让我和她见个面，萨尔兹曼，"利奥有些卑微地乞求了，"或许我能效点劳。"萨尔兹曼不再吃了，利奥明白事情已经定下来了。

在离开餐馆时，他心里还是有点不是滋

[1] 伯纳德·马拉默德（Bernard Malamud，1914—1986），美国犹太裔小说家，《魔桶》是其代表作之一，描写犹太老头萨尔兹曼，提着一只破旧的黑色公文包——他的魔桶，为青年利奥来撮合婚事。在老头的计谋下，利奥看了一张又一张照片，一直看到没有合适的。最后在几张照片中，他终于一眼喜欢上一位女孩，而这个女孩正是老头萨尔兹曼的女儿。这篇小说原本带有一些现实主义的孤独色彩，这里引用这个故事用来说明恋爱的时机可以人为地创造。

味，他怀疑整件事情到了今天这一步，是不是都是由萨尔兹曼一手策划的。

利奥收到她的信，她说要在一个街拐角的地方约他相见。果然，在一个春天的夜晚，她等候在一柱街灯下。他来了，手里拿着一束紫罗兰，还有含苞欲放的玫瑰花。斯特拉站在街灯下，吸着烟。她穿了件白衣裙，红鞋子，这正是他所期望的，只是当时一时慌乱，以为她穿的是红衣服白鞋子。她在那儿等候着，有些不安，也有些害羞。从远处他就看到她那双眼睛——和她父亲一模一样——无比的纯洁无邪。他从她身上构思着自己的救赎。空中回响着提琴声，闪烁着烛光。利奥跑过去，手中的花冲着她。

拐过这个街角，萨尔兹曼靠着墙，在为死者祈祷着。

——马拉默德《魔桶》

窦文涛：当然我也不懂"闪婚"，但我觉得大概有两类情况，一类是一时冲动，这个大家不提倡；一类是有一定经验，知道时机难逢，两个人踩点儿上了，哪怕就90分钟，咱在一个点上，得！登记去！很多时候结婚是一股冲劲儿——

袁　莉：过了就没了，是吗？

窦文涛：过了真就没了。

许子东：前面寻寻觅觅，像王国维说的，"独上高楼，望断天涯路"，然后"为伊消得人憔悴"，到第三个阶段，"蓦然回首，那人却在灯火阑珊处"，90分钟搞定（笑）！

袁　莉：太快了吧！90分钟，一共也没说几句话呢。

窦文涛： 那你觉得多长时间合适？

袁　莉： 三个月以内可以考虑。人家说谈恋爱三个月热情，三个月之后热情就没了。如果真那么快的话，我希望三个月之内就赶紧结婚吧。大 S 跟汪小菲多久？没三个月吧？

窦文涛： 没替人家算过。

许子东： 这种在公众灯光之下闪婚的，一种是条件非常适合，郎财女貌或者女财郎貌；一种是我刚说的不符合规律。一般人都以为一见钟情，等到哪天才发现彼此的真面目，这个发现时间就是婚姻的长短。

窦文涛： 很多男的都跟我讲，结婚是个猛劲儿。前面考虑来考虑去，最后一刹那还是靠那个猛劲。人世间的偶然率能到一个什么样的程度？那天我看一新闻，说英国有一 42 岁的女的，婚姻失败，然后在网站上征婚，征到了一个男的。一见面，那叫一个一见如故！越聊越入巷，后来才发现，原来他们是失散了 36 年的孪生兄妹。

许子东： 还好没促成悲剧。

窦文涛： 难说（笑）！因为新闻对一见钟情当晚的情况打了个省略号。根据英国《每日邮报》计算，这种姐弟失散 36 年又在一个征婚网站碰上的概率，大概是五亿分之一，比中乐透大奖的概率还要低 30 倍，你想想人海茫茫之间——

许子东： 太低了。

男人聪明女人笨就偷情

袁　莉：我觉得结婚要负责任，认识一个半小时就去登记是不是有点不负责任？

窦文涛：没事儿，我可以！

袁　莉：认识一个半小时就去结婚了，然后觉得相处不好，再离婚吗？

窦文涛：行啊，都可以（齐笑）。

袁　莉：结婚、离婚毕竟是个很痛苦的过程。本着对别人负责任的原则，我觉得三个月热情过后，还需要八九个月时间相处一下，看看他有暴力倾向吗？对你够体贴吗？你可以容忍他的缺点吗？跟他结婚不后悔吗？——

窦文涛：你的热情三个月就退了？我有点接受不了（笑）！我都没这么快，亲爱的。我查的数据是三年。

袁　莉：不要把你自己说得那么忠贞！反正就这个意思，激情消退之后，剩下的时间你得好好定下心来想，我对他负责，他对我负责，我们才可以走 10 年、15 年、20 年。

许子东：这一年也要看怎么交往，老是周末看场电影，那没有用。

袁　莉：可以一起生活。

许子东：最好的方法是出去旅行一次，2 个星期在外面，24 小时在一起，所有婚姻碰到的问题，那 2 个星期里都会出现，包括晚上会不会打呼噜。现在有人说，一男一女要都是聪明人，他们就恋爱；要是男的聪明女的笨，就偷情。偷情的一般情况是，男的有婚姻女的没有。

袁　莉：要是女的聪明男的笨，怎么办？

许子东：结婚。

袁　莉：如果男女都笨呢？

窦文涛：自尽吧（齐笑）！男女都笨，未婚先孕……

都是换偶惹的祸

　　本来多数、少数是决定一件事情的程序，事情决定完了，全部人都服从了，之前你是反对还是赞成都没关系了。但在中国文化里，少数不仅仅是一个程序，还是个罪名。

　　法律跟伦理不一样，伦理可以用很哲学的方法去辩论，法律则牵扯到实际操作，有时候还要取决于社会对此有没有一个起码的共识。

　　法律是比道德低的，作风是比道德高的。但多年以来，中国因为阶级斗争，把法律跟作风都混为一谈，因此法律要求的东西，比道德还要高。

窦文涛：这个话题是许老师强烈要求的，敢情教授——

许子东：我有强烈要求吗？你别夸张。

梁文道：教授都很爱谈教授换偶（笑）。

窦文涛：许老师是正教授，咱说的是副教授。最近南京一位副教授上了法庭，引起全民大讨论，我觉得许老师关心他不是诲淫诲盗（笑），这个话题在网上的争论完全是壁垒分明的对立！

许子东：中国虽然有少数服从多数的制度，但不管是一个会议的决策，还是一个单位的决策，绝大部分意见都不会很接近，大部分都是九比一，最多是八比二。我曾在这方面做过探讨，我觉得是因为中国"一把手"的权力太大了，所以大部分人在表达自己态度时都害怕成为少数。本来多数、少数是决定一件事情的程序，事情决定完了，全部人都服从了，之前你是反对还是赞成都没关系了。但在中国文化里，少数不仅仅是一个程序，还是个罪名。一旦事情决定以后，你是少数派是会对你追究责任的。

窦文涛：我觉得咱的战术从来都是利用多数打少数！

许子东：所以少数成了一个道德罪名了，比如一讲"这件事情极少数人怎么怎么样"，一听就不大正确。

窦文涛：一小撮儿（笑）。

许子东：对，正因为这个文化，使中国很多值得争论的事情都争执不下去。大家一看，没什么希望了，迎着多数派就去了！可马尧海这件事情很奇怪，因为这件事不那么有政治性，所以网上争论来争论去，很有意思。

马尧海案件一出，引发各路议论纷纷，民间和学术界均起了很大的争论：

在此类活动的参与者全部是自愿参与的这一前提之下，法律绝不应当认定为有罪。因为公民对自己的身体拥有所有权，他拥有按自己的意愿使用、处置自己身体的权利。

——李银河

通过社会的进一步开放，这种罪名取消的可能性很大。而在目前的情况下，到底有多少民众要求取消该条规定，也不是很清楚。

——刑法学教授贾宇

虽然大唐大明大清律都有明文规定，对于公开的淫乱活动是要治罪的，社会主流道德也是不接受淫乱活动的。但官闱之中也多有淫乱之举，而官府对于民间的淫乱，基本上也是民不举，官不究的。

——文化学者葛剑雄

现在的孩子心理都很脆弱，本身就需要好的引导，而你还拉一堆人去自己家里或者别人家里乱搞，这给孩子树立的是什么榜样？法律不能只考虑成年人的什么权利，你还要考虑年轻人。

——农民工歌手李路正

只能干，不能说

窦文涛：文道在山东清修，这事儿是刚刚才知道吧。南京有个副教授，五十出头，经历过两次失败婚姻，通过网上"夫妻交友"，不知怎么的就被弄出来了，现在法庭援引的条律叫"聚众淫乱罪"[1]。但也有人说，这个法律比较旧，李银河就出来说，"聚众淫乱罪"应该取消[2]。

许子东：李银河说，这条法律是有，但是20年没用过了，应该取消。结果有人说，20年没用现在要拿出来用一用。

梁文道：什么叫"聚众淫乱"啊？

窦文涛：三人以上进行不道德的性行为就属于聚众淫乱。这位副教授对外讲，没有你们想的那么荒淫，我们都是自愿的，而且有时候我们脱了衣服什么都不干，大家聊天——不穿衣服聊天（笑）！李银河说这个案子没有受害人，你们说"聚众淫乱罪"，谁是受害人呢？

许子东：据说真实参与的几十个人里，真的夫妻只有两对儿，其他的都是带了个女朋友去，所以叫"换偶"。

窦文涛：公安也很有意思，那两对儿是因为换偶以后真的成了夫妻，所以公安就把他们放了！

许子东：搞成了，就不算淫乱了（笑）！那所有参与者赶紧找一靠谱儿的，赶快结

[1] 聚众淫乱罪是指聚集男女多人集体进行淫乱的行为。

[2] 马尧海成为公众关注的人物后，性社会学家李银河旗帜鲜明地在博客里提出：聚众淫乱罪是一个违宪的法律，它与宪法的矛盾表现为宪法尊重和保障人权，而聚众淫乱罪侵害公民的基本权利。依据这个法律的判例是破坏人权而不是保护人权。

婚，就不必坐牢了。

梁文道：这很奇怪嘛。

许子东：是挺奇怪，而且牵涉到法律，因为有条法律的前身叫"流氓罪"——"文革"的时候有一条罪名就叫"流氓罪"。

流氓罪是指藐视国家法纪和社会公德，聚众斗殴、寻衅滋事、侮辱妇女或破坏公共秩序以及其他情节恶劣的行为。主要特征是侵犯的客体是公共秩序，即按照法律和社会公德确立的公共生活规则，包括公共场所及其他人共同生活，交往场所的正常秩序。

由于流氓罪的规定比较笼统，在实际执法中难以界定，因此1997年修订的《刑法》将原流氓罪取消，而将其分解为强制猥亵侮辱妇女罪、猥亵儿童罪、聚众淫乱罪、聚众斗殴罪、寻衅滋事罪等罪。

窦文涛：好像1997年"流氓罪"被取消了。

许子东：取消了以后，它分成几条罪，其中有一条就叫"聚众淫乱罪"。"淫乱"是个形容词，什么叫"淫乱"？标准是什么啊？口头的算不算"淫乱"呢？我觉得这个名词非常主观，定义也不清楚——

窦文涛：咱们仁就够"聚众淫乱"了（笑）。

梁文道：是啊，三人聚一起讲黄段子叫不叫"聚众淫乱"呢？对不对？那全国每天晚上要有几万人被抓了。

窦文涛：许老师原来有一句话，"中国人很多事儿是只能干，不能说"，我原来还不同意，认为能干的为什么不能说，现在我渐渐屈从于您的观点了。

公权力侵犯私人空间

窦文涛：王蒙老师在我们节目里讲过一个感受，说中国人有时候有一种思维方式——爱从个案推及全体，比如允许一个人抽烟，那全国人民都抽烟了怎么办？有这样一种推理。这事儿也是。有人说，允许他这么搞，那大家都这么搞怎么办？其实是个假设，至少我个人就不喜欢，也不愿意换，对吧？

许子东：人家换给你行，你换给人家就不行（齐笑）！

窦文涛：比如我有一朋友，他有这个爱好，我会饶有兴致地跟他聊聊，但这是人家私人范围的事，对吗？李银河讲了三个原则：成人、隐私，自愿。在多数社会里，这种事不会受法律制裁。但我发现吊诡的地方是什么呢？如果这件事情没有被发现，他们悄悄地进行着，在自家关起门来，确实不会对社会怎么样，可问题是媒体把它放大了，所以这事儿就不是隐私了，它确实对很多人的道德观发生了影响。

许子东：就像上次你们说大片拍乱伦，看完以后，公公跟媳妇眼睛都不大对头了（笑）。

窦文涛：咱不也讨论过一次局长日记嘛，后来还有观众跟我提意见，说把人家日记放到网上是侵犯隐私，你们在节目里念也是侵犯隐私。严格说来我该道歉，对吧？但我也要有所辩解——

许子东：这已经是公共事件了。

窦文涛：弄得像鲁迅日记一样，所以大家才会引用。换偶这事儿也一样，已经不隐私了，为什么？因为媒体。可媒体也会抱怨，我们不是你们的镜子吗？要不是你们对这事儿感兴趣，我们能这么放大吗？

梁文道：我觉得换妻这事，如果从伦理学角度分析它到底有没有错，李银河说的是对的，成年、隐私、自愿，没有伤害到其他人，没有受害者，有什么不对？但反过来看，世界上有些地方法律制裁的行为或认定的罪行，其实也没有受害者。举个简单例子，比如新加坡到现在为止仍然把鸡奸视为一种罪。所谓鸡奸就是肛交而已，两个成年人肛交是他们的自愿行为，没有受害者吧，那为什么把它视为一种罪呢？我想说的是，法律跟伦理不一样，伦理可以用很哲学的方法去辩论，法律则会牵扯实际操作问题，有时候往往取决于这个社会对此有没有一个起码的共识。

　　鸡奸法是一种把特定性行为定为性犯罪的法律，通常指肛交。有时鸡奸的定义会被扩大到口交和兽交。虽然这些法律的对象就其用词的定义而言适用于同性恋或异性恋，但是它往往被选择性地用来惩处同性恋者。

　　由于宗教反对同性恋的缘故，很多文明中都把鸡奸视为犯罪。在英国，亨利八世于1533年第一次引入了反对同性恋的鸡奸法，使得对鸡奸的最高处罚可以是绞刑。但是随着西方社会对同性恋的不断宽容，鸡奸法已经逐渐被各个国家废止。但是并不是所有的国家都跟随这个步伐。在有的国家，鸡奸行为仍然被视为严厉罪行。最极端的例子是，鸡奸行为在阿富汗、伊朗、巴基斯坦、沙特阿拉伯等国家会被判处死刑。其他稍轻的处罚在孟加拉、不丹、圭亚那、印度、尼泊尔、新加坡和乌干达存在。

窦文涛： 就是我说的，中国人口这么多——

梁文道： 再举个简单例子，为什么我们国家不能开放黄色网站、黄色书刊呢？这有受害者吗？假如只是限定它会让18岁下的青少年受害，那不让他们看就行了，成年人你们谁爱看谁看，比如最近很红的苍井空在twitter上跟中国影迷打招呼，震动全国，一大堆中国网民都学翻墙上twitter，使她成为twitter的微博女王。后来她用翻译软件翻译"我要多谢我中国的粉丝"，结果中文翻出来变成什么？——"我要谢谢我中国的球迷。"中国粉丝说"球迷"这个词译得好，我们也的确是你的"球迷"（笑）。

这些东西为什么不能让大家公开看呢？这里没有受害者，都是成年人自愿的。你愿意给我看，我愿意看你，我也是成年人，对不对？但就是不行，就是因为它破坏了我们这个社会对某些道德行为的共识标准。但是要怎么找到这个共识呢？

窦文涛： 我觉得李银河博士是理性的。但是我必须指出，人类社会从来就不是理性的，一半理性，一边非理性，很多人的思想受一些风俗习惯的影响。这个风俗习惯严格地按照理性来说，可能是经不起推敲的，但现实确实存在。比如现在网上很多事儿，我宁愿我爸爸妈妈不知道，他们不能上网，我觉得挺好。他们知道这些事儿干什么？知道了也不能理解，不能接受，看着给自己添堵。但是像李银河讲的，她说她本人实际觉得一夫一妻制挺好的，但她指出，这个社会里有极少数人有自己特殊的性行为方式，他们关起门来干自己的事情，法律要不要以道德的名义来惩罚他们。就是说，公权力能不能侵入我家门里去，西方知识分子很警惕这类问题。

作风是比道德高的

　　许子东：这里面涉及三点，一是我们称之为"作风"的东西，二是道德，三是法律。以吃东西来比方，我们大部分人吃东西有一个习惯，有些人吃素或者吃蟑螂——

　　窦文涛：有人喜欢吃蝎子。

　　许子东：反正也不能禁止，不能说吃蟑螂的人就犯法。换句话说，法律是比道德低的，作风是比道德高的。但多年以来，中国因为阶级斗争，把法律跟作风混为一谈，因此法律要求的东西比道德还要高。这件事情我相信最后肯定会判他有点问题，因为客观上中国就是这种习惯，是一种特殊国情。就算这件事儿不犯法，好多人真的学着去做，那也不得了。咱们多年来形成了一个习惯，就是说人家能做的，我也能做——

　　窦文涛：也不问问你想不想做，做了再说（笑）。

　　世界各国大都没有惩治换偶活动的法律，因为这类活动并没有超出多数社会约定俗成的性活动三原则：自愿，隐私，成人。此类活动没有受害人（不是强奸和猥亵），甚至没有受损的社会关系（婚姻）。此类活动的性质和夫妻共同去饭店吃饭的性质近似，只不过是几对夫妻共同约好去一个隐私的地方进餐而已。它和一般公众的区别在于，一般人吃的是"米饭面条"，他们吃的是"蝎子"。

——李银河

许子东：为什么会造成这个情况？因为一直以来把作风问题拔高了，跟法律混淆了，把法律放在比道德更高的程度，法律一高，人人犯法。在人人犯法的情况下，只要不被抓住，我都可以做。

梁文道：刚讲侵犯隐私什么的，中国向来有一个问题，太习惯把一个罪犯看成不只是法律上犯罪，而且人格上必须予以全面地消灭。所以大家有没注意到，很多罪犯，特别是官员，他们犯罪之后，有关方面泄露出来的消息肯定是把他的私生活都抹黑，比如必然有情妇什么的。而且即使贪官的贪跟他养情妇没有直接关系，我们也要全都捅出来。

许子东：大家都追情妇去了（笑）。

梁文道：对！这样才能把一个人的人格全面抹黑！我们太不关注人格问题了，就像公安审犯人，也不会强调他有隐私，各方面的权利需要保护。

许子东：这件事引起了很大的争论，不过有一点可以借鉴，很多英联邦国家对性工业都采取"二元"态度，就是个人的性交易是非违法的，但如果你去组织、经营这些事，是触犯法律的。[1] 我觉得这个精神可以推广到这件事上，如果他们纯粹是几个人的选择，没伤害到别人，就不要追究，但如果他们通过网站或者成立组织，搞了几十个、上百个人来定期参与这样的活动，甚至在中间获得好处的话，那就是犯罪了。我们现在是不是要把这两个东西分开？

[1] 绝大多数西方国家，例如英联邦法系国家和地区，除极少数地方如澳大利亚外，都是禁止卖淫的，并且至今还有"淫荡罪"和"妨害风化罪"。比如在属于英联邦法系的香港，卖淫是合法的，但组织卖淫是非法的，所以香港会出现前面"一楼一凤"的说法。

婚姻里面"性"解放

性要是成了责任，就变成了一个苦役。性怎么能成责任呢？

陌生感基于什么？基于性是欲望，因为是欲望，所以你会猎奇、猎艳，追求新鲜感。但是很多智者都说，人类最伟大的奥秘是爱，当爱通过身体来表达，就成为性。

我们不鼓励性解放，但要鼓励婚内性解放。两个人都要放下包袱，把性看成是美好的，不是肮脏的，可以去自由地发挥、表达，而不需要装。

窦文涛：我一见您，耳边就响起"吱"的一声。您有点争议啊，雅点说是卖情趣用品的，俗点说是搞性玩具的（笑）！而且您在这行还是鼻祖，现在生意做得也不小了，还写了本书叫《成人之美》。这书我翻了翻，以我可怜的一点经验来对照，觉得说得挺靠谱儿！但是作为我们这样一个权威媒体，我必须得指出，您干这行这些年来，一直有人认为您是流氓！

蔺德刚：是（笑）。

窦文涛：所以我这个"小流氓"，请您这个"中流氓"，来聊一个真正的"大流氓"！

查建英：我的天哪，难道我是"大流氓"啊！

窦文涛：我们这里面只有查老师是正经人。

查建英：哎哟，这是骂我呢（笑）！

蔺德刚毕业于南开大学物理系，2002年年底开始从事成人用品销售。2008年，以"拎菜刀"为笔名，开始在网上发帖讲述自己情趣用品店的故事。他说：

"在黄水里泡的这些年，已经足以让我平和，也让我真正体会到了——色，即是空。""人之初，性本乱。"2010 年，这些东西凑成了一本书《成人之美》，有人称此书为"中国现代性观念变迁的备忘录"。

聚众淫乱侵犯了谁

窦文涛：咱还谈换偶这个案子。法院以"聚众淫乱罪"判处第一被告马尧海有期徒刑三年零六个月，其他 18 名被告被判一年到两年零六个月不等，其中 14 人适用缓刑，三人因为自首什么的免于刑事处罚。他们成为 20 年来第一批因为聚众淫乱罪获实刑的人。这事儿我有自己一番感触，觉得咱活在今天这个时代有个幸运，就是你能感受到现在进行时的历史感和未来感。一个在未来可能过时的法律今天还没被取消，咱还得按法办事。但没准十几、几十年后，会有人拿这事儿举例子，说明这个年代还存在一些蒙昧和残酷。

蔺德刚：这次马尧海的换偶案更多被报道为"教授换偶案"，大伙解读是从换偶角度来的，最后判决是以"聚众淫乱"判的。也就是说，关于换偶问题是"罪"还是"非罪"，没有讲。

窦文涛：李银河的意思是，懂法律的人得琢磨琢磨，判谁有罪是因为他伤害了谁，但是这个案子里没有受害人。

查建英：是，受害者在哪儿呢？完全抽象。聚众淫乱罪侵犯了谁呢？好像社会道德受到了侵害，也是虚的。

2009 年 8 月 17 日，秦淮公安分局在一家连锁酒店的房间里将 5 名参与换妻的网民抓获，其中组织者 53 岁的马尧海是南京某大学副教授。2010 年 3 月 5 日，马尧海等 22 人被秦淮区检察院以"聚众淫乱罪"提起公诉。在两天的庭审中，除马尧海外，其余 21 名被告均表示认罪。

窦文涛：他们彼此自愿，关起门来，带个女伴来交换，有人看不惯完全可以理解。不过这事儿有意思在哪儿呢？就是法律是很明确的，道德可以多元化。这些人勉强可以说是伤害了道德风俗——甭管这个道德风俗站不站得住脚，咱就算它站得住脚，那法律可以代替道德惩罚伤风败俗吗？按这么说，陈冠希就该判刑，可是法院的裁决是无罪，甚至是受害者。

查建英：这是在香港。

窦文涛：在中国香港、加拿大，他都无罪，有罪的是泄露他隐私照片的人。

查建英：我们内地过去有一种"小脚侦缉队"，就是所谓居委会的老太太，专门扮演这种风纪警察，逮着就去告。"教授换偶"肯定也有一个告状的。说是"聚众淫乱"，如果他在一个公共场合，比如说光天化日之下去做隐私行为，可能会引起很多人的不满。但马尧海他们是在私密场合，在酒店或者私人宅子里，这事儿触犯了谁呢？显然触犯了脑子里面绷着道德这根筋的某个人。

蔺德刚：我的看法不太一样，比如马尧海和另外一个男人，各自有一个伴侣，他们交换了，领回家关起门来做，法院会不会判？我相信不一定会判。我换偶但是不聚众。所以陈冠希的案子在内地也不一定会判。

窦文涛：您觉得"聚众"这事儿不行？

查建英：我觉得细节很模糊，马尧海自己说，我们都是一对一，牵涉了 22 个人——

蔺德刚：是多人的。

查建英：两个人不算聚众，那四个算不算？还是要到 20 个人才算聚众？界定在哪儿呢？

性要成了责任……

窦文涛：我刚才讲勉强可以说他伤害了社会的道德风俗。这么玩，让我们全国人民不爽，我们受了精神损害。最近宋祖德的案子判下来了[1]，宋祖德带着 15 万跑法院，向谢晋导演的遗孀道歉，赔钱，"对不起，我大嘴巴了，我伤害了谢晋导演和您的声誉"。我觉得精神损害是这么判的，但如果让马尧海给我们全国人民赔钱，13 亿人民哪怕一人赔一分钱，也赔不起。马尧海有个网名——

蔺德刚：阳火旺。

窦文涛："阳火旺"的不止马先生一个（笑）！德刚书里谈到一个婚内性的问题，你知道现在很多中年夫妻是没有性的，或者近乎没有性。有个别朋友莫名其妙以为我是专家，他们跟我说，跟老婆老是……这可怎么办，这个对头不对头？我就觉得中国人很多时候选择了责任，你要负责就负责到底，夫妻之间的责任，还有亲热的责任呢——

查建英：性要是成了责任，就变成了一个苦役。性怎么能成责任呢？我听过古巴一个笑话，夫妻俩在结婚之前约定，每做一次爱，就放一颗红豆在碗里。结婚两年后，碗里面已经放了大半碗红豆，快放满了。结婚 20 年后，每做一次爱就拿出一颗红豆，结果这红豆一辈子都拿不完了（笑）。它说明什么呢？说明性本身其实需要很强的陌生

[1] 谢晋去世后，宋祖德在博客中发表"惊人言论"。称谢晋死于嫖娼，且与刘晓庆生有一个私生子。2009 年 3 月，谢晋家属把宋祖德告上法庭，后法庭判处宋祖德承担相应法律责任并赔偿精神损失费 20 万元。2010 年 5 月，宋祖德履行判决，于法庭当场提交了致歉声明，并补缴 15 万元罚金。

感，德刚做这个肯定知道，为什么要那么多情趣内衣？这都是用技术手段使一个熟悉的性伴侣变得新鲜，像调剂一样，夫妻要变化才有激情，已经到手的猎物自然会有疲倦。

窦文涛：你接触过很多顾客，其中有没有已婚的给你讲点什么，让你很感触？

蔺德刚：非常多。有一顾客大概四十岁，老公在性方面已经不行了，但是她不想让老公觉得没自尊，就装做自己没需要，然后悄悄地去买自慰器。

窦文涛：她玩这玩意儿是背着老公的？

蔺德刚：对，很多夫妻都这样。我觉得不应该这样，因为这就假定老公认为自己老婆获得性满足是不对的，等于把老公置于一个"不义"的地步。假如老公爱她的话，当然希望她得到满足，有一套工具来满足，为什么不去用？

窦文涛：我觉得"性"真不是那么简单，性还跟情相连。我最近听说一个事儿，季羡林的儿子季承写了一本书《我和父亲季羡林》。这本书现在有争议，比较老派的人士骂他，你为尊者讳，怎么这么说你爸爸呢？他那意思是说，你们眼里的什么国学大师，在家庭里对我妈对我是冷若冰霜。他书里讲到一段往事，季羡林当年在德国爱上一个女孩子，但他已经有一个所谓旧式婚姻，最后还是选择回到旧式婚姻里去，那个德国女孩也终生未嫁。可是回来之后又怎么样呢？季羡林在北京，老婆一直在山东老家，季羡林一直不把老婆接到北京来，以至于儿女们拼命想撮合，说您把妈妈接来吧。季羡林硬邦邦地说了一句，"我跟你妈没感情"。接来之后，北大很高兴，说季教授把家属接来了，还特意给买了一双人弹簧床——那个年代大概还挺贵吧。结果季老回来一看，说不行，我得一个人睡，要不然我睡不着。所以到最后一直是两张单人床，季夫人一直睡在客厅里，老太太活到很大年纪。

　　一般说来，我和姐姐去看父亲，事前都要商量一下，今天要和父亲谈什么。把济南的两位亲人接到北京来是最重要和最难开口的事。一次，我和姐姐去看父亲，终于涉及家庭在北京团聚的事，父亲竟直截了当地对我们说："我和你妈没有感情。"实际上是告诉我们，家庭团聚的事免谈。我们失望至极，此后我们有很长时间就再没有涉及这个问题。

　　……

　　"季美林把家属接来了！"这一消息不胫而走，轰动了北京大学东语系，甚至整个北大。1962年中国的政治气候非常适合父亲安家。北大领导对父亲安家非常关心，立刻在朗润园分给他一套四居室的公寓。东语系的工作人员，特别是李铮、徐淑燕夫妇，忙着买家具，布置屋子。买书柜是最重要的事，除此之外，他们还特地为父亲和母亲，买了一张大双人弹簧床，在当时说来是很奢侈的。可是把大床布置好以后，父亲却很不高兴。他不愿意和母亲睡在一起，他的想法是要和母亲分开睡，并且他要独睡一室，否则他睡不着。这样一来，他们只好把双人床退掉，换成单人床，又把母亲的床安在客厅里，才算了事。

——季承《我和父亲季美林》

　　查建英：我们有时候很容易就把一个悲剧，比如爱情或者婚姻悲剧，归结到制度或时代上面去，把一个个案放大成时代的悲剧。可是在同一个时代里，也是有无数选择的。比如鲁迅可能就是另外一种选择，朱安跟他也没感情，他就跟许广平好了。从我个人观点，我是非常同情朱安的，我觉得他对朱安那种活寡妇的折磨，其实是另外一种冷酷在里边，但他至少有了许广平。举我个人例子，我外公是留法的，留法十年期间，他跟一个法国女孩结了婚，而且还生一个女儿。结果湖北老家原来给他定了一个小脚的老婆，门当户对的，一直在家里等他。怕他不回来，就说父母病重，然后我外公就赶回来了（其实我估计他下意识也知道怎么回事，而且他们那个年代的人有种工业救国的理想），回来以后就再也没回去，然后跟这个小脚女人结婚，就是我外婆，生了六个儿女，他们两个的婚姻一直很和谐。所以我觉得婚姻和不和谐有很强的性格因素。

爱与被爱都是自爱

蒋德刚：我觉得季羡林当年的选择以及他和夫人的生活方式，其实是没有考虑到子女的感受。

窦文涛：怎么讲？

蒋德刚：季羡林和夫人的婚姻是一种相对冷漠的、分离的状态，季承从小感受到的也是冷漠。婚姻是冷漠的，父母对子女是冷漠的。这会导致什么情况呢？很可能这种婚姻下成长的孩子，他的婚姻和情感，以及性方面会有障碍。

查建英：当代心理学说，不幸福的婚姻对儿童的影响比离婚造成的影响更厉害。

蔺德刚：因为它是一个冰冷的东西。

查建英：我觉得可能那一代人还没想到儿女在这种情况下的感受。

窦文涛：我想到现在一个挺普遍的问题，比如一个有妇之夫，他有一个情人，他觉得他们相亲相爱，但是他最后的选择往往还是回归家庭。这就是咱们说的责任感。可是回归之后，你能不能勉强自个儿跟老婆亲热呢——

蔺德刚：我觉得所谓爱与被爱，其实都是自爱。你能不能让人感觉到我是新鲜的，我是不同的，我到了每个年龄都不是一成不变的。

查建英：你意思是说，要看这个女的会不会使男的来爱，有时候这挺残酷的，还举鲁迅的例子，朱安是比较木，她也想讨鲁迅欢心，但实在不知道怎么做，她说我去给他洗衣服，大先生还是不理我。她不具备调动另一个人爱的能力，而胡适老婆就能管住他。

1906 年夏，鲁迅奉母亲之命，与比自己大三岁的同乡朱安结婚。婚后四天，他便毅然东渡日本，温顺的朱安则顶着一个名不副实的媳妇头衔，伺候婆婆，独守空房，一等十三年。之后鲁迅回国，一直淡然以对，直到后来与许广平组成家庭。朱安最终以鲁迅"妻子"的名义守活寡多年。

而同为乡村小脚女人的江冬秀，却行事果断、办事泼辣，对胡适要离婚的想法反应激烈，甚至以刀威胁，最终吓得胡适噤如寒蝉，不敢再提离婚事宜。

窦文涛：我跟你说，人家德刚有一句名言，一个人永远不会因为另一个人对自己好而爱对方，一个人永远不会因为过去的爱而在未来必定一直爱着对方，一个人爱另一个人的理由就是对方可爱。爱就是爱的唯一理由。

蔺德刚：就像我们讲婚内的性一样，很多夫妻的性都是枯燥的，甚至是没有的。出去找情人可以不枯燥，为什么两口子之间就不能不枯燥？

查建英：我觉得大家都需要学习。

蔺德刚：我们不鼓励性解放，但是鼓励什么呢？婚内性一定要解放。

窦文涛：婚内性解放。

蔺德刚：两个人都要放下包袱，把性看成是美好的，不是肮脏的，可以去自由地发挥、表达，而不需要装。

查建英：你这个正确是正确，但需要一个前提，就是两个人的水准，或者领悟力一定要在一个大致相当的程度上，否则差太多以后，学是学不来的……

好男人不以数量论英雄

所有人类欲望在本质上有个特点，就是越多越好，要是没有其他东西来制约的话，它简直就是无限的。

性在婚姻里非常重要，想去回避也绝不可能，但婚姻又不仅仅是一个性的关系。

我觉得吧，对这个"执子之手，与子偕老"的感动，实际是全人类的，不光是中国人的。

窦文涛：王老师，您平常都哪儿待着呀？是不是很多地方都请您去？

王　蒙：平常都在北京待，但不是老待在一个地儿。

窦文涛：您现在旅游的瘾还大吗？

王　蒙：比过去小太多了。现在说实话还是愿意在家写东西。

查建英：原来您是马不停蹄呀，现在还熬粥吗？我记得王老师喜欢熬豆儿粥。

王　蒙：喜欢喝粥。人到了一定年岁啊，又回到童年时期的爱好了。我小时候家庭条件不是特别好，喜欢吃豆儿，豆儿有营养。别的东西也有营养，可家里买不起呀，所以一见到豆儿我就兴奋，觉得豆儿好吃。

窦文涛：没错儿，连做节目都找个姓窦的（齐笑）。

离婚率上升说明耐心下降

王　蒙：我去北欧的时候，看到人家对"同居"都觉得落后了。如果伴侣不在一个城市，见面之后就吃一顿饭，而且 AA 制，之后做爱，完了各回各家，尽量避免在一块生活，免得发生个性上、口味上、生活习惯上的矛盾。

在北欧的瑞典、冰岛、芬兰、挪威和丹麦这五国，法律规定：未婚同居的男女和已婚夫妇一样，享有完全平等的社会地位，而且都要缴纳相关的税，子女也都享有同等的福利待遇。如果同居的男女要分离，同居期间的房地产和家庭用品等由双方平分。与此同时，五国政府给新做父母者（不论结婚与否）都给予慷慨的经济援助，比如产假和生育补助等，所以，这些国家的未婚同居率是世界上最高的。

北欧的优厚福利使得青年男女感到毫无结婚的必要，甚至还使很多已经结婚的男女感到后悔，这在冰岛体现得尤为突出。冰岛政府对同居者的住房补贴费用及其子女入托和读书的补贴费用，大大超过那些已婚男女和他们的子女。因此，不少已婚夫妇为了获得丰厚的福利待遇，索性分居或离婚，这样既可以增加收入，又可以改善生活。

查建英：我觉得这个被夸张了，我不相信人性有这么巨大的差别。当然，中国是一个群体文化为主、比较重视人际关系的国家，人和人在一起的时间比较多，所以比较注意和谐。西方人强调个性主义，特别强调人与人之间界限要分明，不能老在一起。但我不认为西方人已经到了吃饭分着、睡觉也分着、婚姻财产等一切都分着的地步。这样的话婚姻还有什么意思？我在美国生活、学习了八年，也没到这种地步。中国这几年离婚率一直在上升，这也表明中国人对长年累月的耳鬓厮磨、相互容忍、相互磨合的耐心在降低。现在中国人也是，到一定程度干脆离婚算了，不再妥协。

窦文涛：前一阵我跟一朋友聊天，这朋友60岁了，前后经历过两次婚姻。他告诉我，第二次婚姻也结束了，他现在觉得最快乐的时候是两次婚姻之间那几年。我问那几年什么状态呀？好家伙！

他一说我就觉得他有点西门庆了（笑）！他说那时候他在巴黎有个女朋友，在纽约有个女朋友，在东京也有个女朋友，他去哪个城市就跟哪个女朋友待几天，但他们相互之间谁对谁也没要求，所以那几年他最快乐。我问他将来还准备再婚吗？他说都这岁数了，不想了。他说自己甚至想过——他挺有钱，老了之后自己弄个养老院，找几个老哥们儿，不要老伴，一起怀怀旧、下下棋、骂骂人。再找个好的护士伺候到老——

王　蒙：所以嘛，生活方式这东西没有统一标准，不能成为一个范式。比如他说他这么过，可能过得非常好，要让我这么过呢，可操作性就非常差了。我现在到巴黎找一个女友？东京再来一个？越南再来一个？其实我特别喜欢非洲女性，我觉得真漂亮，圆圆的——

窦文涛：您的身体还需要加强锻炼（齐笑）！

王　蒙：我再喜欢也不可能操作呀！

查建英：我觉得什么事儿走到极端了都要回头，像你那朋友，之所以那几年最高兴，因为他只有那几年。要是没他那两段婚姻，从头到尾这么满世界招呼，告诉你，累死他！

窦文涛：可以到联合国工作了（齐笑）。

饥渴过度后一下变开放

窦文涛：我觉得吧，对这个"执子之手，与子偕老"的感动，实际是全人类的，不光是中国人的。有一部电影叫《纽约，我爱你》，里面有这么一小段，嘿！那老两口！

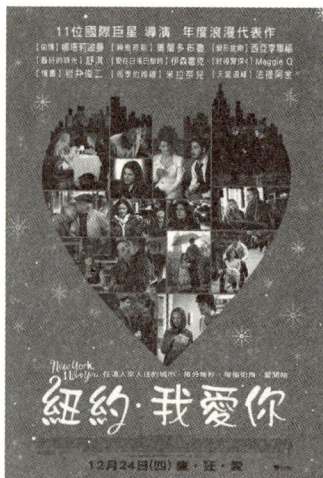

《纽约，我爱你》是由斯嘉丽·约翰逊、岩井俊二、王小帅等12名知名导演执导、拍摄形式相似的一部短片集。讲述男女主人公在浪漫而充满诗意的纽约相遇邂逅，从不同的文化视角感受纽约、讲述一个人类共同的话题——"爱"。

女：抬腿，你没抬腿。

男：我不正抬着腿嘛。

女：没，你拖着腿呢，医生说你得抬腿。

男：我在抬啊，抬着哪。

女：你想再摔一次，把另一半屁股也摔花了？

男：这样两边就一样疼了，也好，平等了。

女：你什么都要平等。

——《纽约，我爱你》台词

查建英：我觉得千万不要把一个东西扩大化、类型化。记得刚回国的时候，中国人还没现在这么开放。经常有人问我，美国人是不是都性开放，一天到晚换啊？我说这哪儿跟哪儿啊！美国人对婚姻的那种认真，经常让我觉得中国人比不上。中国是突然一下太开放了，就像饥渴过度的人，抓什么都要吃，这个要那个也要，有一点不合适马上离婚！美国人的婚姻态度其实比许多中国人都要保守。他们的文化对契约相当重视，结婚仪式上一定要在牧师面前念那几句话——不论贫富、爱你到底……不就是中国人的"执子之手，与子偕老"嘛，而且这个誓言是在上帝面前发的！

我愿意她（他）成为我的妻子（丈夫），从今天开始相互拥有、相互扶持，无论是好是坏、富裕或贫穷、疾病还是健康都彼此相爱、珍惜，直到死亡才能将我们分开。

——基督教婚礼誓词

窦文涛：还真是！我也觉得中国这些年开放得没边了！听说上海有些外国人，原本在美国生活很保守，可一跑来中国——比如有些人被领去夜总会，二十来岁小姑娘跟这么大年纪老头儿坐在一起玩儿——

查建英：她们还觉得是种荣耀。说实话，我听一些美国朋友说起这种情况，其实是很看不起的，觉得这些来中国泡年轻女孩的外国人，说极端点像人渣儿了。就是说，不怎么样的人才会来享受这个，就像很多德国人跑去泰国找最穷的小姑娘结婚一样，等于是用钱来买她们的青春。以社会主流价值观来讲，这是很低级的一件事。

王　蒙：你说美国保守，我也特有体会。我在文化部工作的时候，接到过一封美国人的来信，同时寄来的还有一本《圣经》。信里说希望我们注意对青年人的教育，他看到公园里有些青年男女在椅子上做出一些非常不雅的行为，非常过分，说中国绝对不能走这条路。后来我把这封信转到了北京市政府，据说他的意见被吸收了。

窦文涛：怎么吸收的？

王　蒙：他说十三陵[1]的神道乱七八糟的，有卖瓜子的，有卖酥糖的。现在你到十三陵看看，不但没有这些，严肃了，而且要票了（笑）。

查建英：中国特色！所以有时候咱这儿弄歪了。前一阵我碰到一个法国朋友，说起一个词儿 Open Marriage，公开婚姻。我问

[1] 明十三陵是中国明朝皇帝的墓葬群，坐落在北京西北郊燕山山麓的天寿山。自永乐七年（1409）五月始作长陵，到明朝最后一帝崇祯葬入思陵止，其间230多年先后修建了十三座皇帝陵墓，周围还有一些妃嫔墓。2003年，明十三陵被列入《世界遗产名录》。

是不是你们法国人创作的,他马上脸一变,"你不要这么说,这是你们对我们法国人的一种误解,我们不是这样的,我们对婚姻也是很认真的",说得我很不好意思。

追求数量是低层次的事

窦文涛: 我看到有个说法,所有人类欲望在本质上有个特点,就是越多越好,要是没有其他东西来制约的话,它简直就是无限的。

查建英: 是,从动物本性来的嘛。

王　蒙: 这就是贪欲了。人对自己的贪欲是要有所节制的,比如吃饭,是越多越好吗?多到一定程度肯定又回去了。

查建英: 乱下馆子的人吃的都是好饭吗?吃的肯定是糙食。换成男女之事,也是一样道理。美食家一定是有标准的,一定要挑选,而且要节制,才能吃得好。对不对?

王　蒙: 以数量为主是比较低层次的事(笑)。

查建英: 这里还有一个原因,就是以前我们太少了,以前在一个极度缺乏的情况下——

窦文涛: 穷疯了饿疯了。

查建英: 所以他一定要有一个大吃的过程,才能看出这里面的区别。

王　蒙: 都吃成糖尿病就老实多了(笑)。

窦文涛: 没错儿,有时候天会让你明白。

查建英：我认识俩朋友，一个很年轻，长得很帅，特招小姑娘那种，他在改革开放年代长大，到最后反而比较厌倦男女之事了。还有一个跟我是同代，年岁比我还大点，年轻时候那是真没有，连手都不能碰，婚姻也是具有政治色彩、讲究出身的那种。这朋友岁数大了以后，不断有这个要求，一定要找新情人、小姑娘什么的。我觉得他是饿过度了之后找点补偿。

王　蒙：饕餮症。

窦文涛：是一种生理症状了。泰格·伍兹不是自己都承认嘛，这都成了一种瘾了。

艾德瑞克·泰格·伍兹是美国高尔夫球手，截至 2009 年世界排名首位，被公认为史上最成功的高尔夫球手之一。因为在英文中他的绰号"Tiger"的意思是"虎"，所以在中文中经常被称为"老虎"。

2009 年 11 月，泰格·伍兹发生车祸，脸部受伤。经过医院的抢救和治疗后出院，随即有媒体披露，"老虎"脸上的伤口并非车祸所致，而是他的太太诺德格林·艾琳给抓伤的，事情缘于伍兹太太当晚质问他关于另外一个女人的事，随后两人闹得不可开交。

　　之后，媒体挖掘了"老虎"的一系列绯闻女郎，有名有姓的达十几个之多。2009 年 11 月 30 日，泰格·伍兹在其官方网站上发布了一份声明，称整个车祸事件的错误在于他本人，这件事情让他和他的家人感到十分尴尬。"我不是完人。我肯定希望这样的事情不要再发生。"

　　查建英：我觉得伍兹的情况还稍有不同，打顶级高尔夫球的，常常处在高压状态，有时候这是一种释放。克林顿事件出了的时候，我非常同情克林顿。一个总统面临多少压力啊，有时候这东西是减压的必要。在这种情况下，我能理解。当然另一种人，不停地需要这事儿的人，也不能说他们随便，因为每个人的力比多不一样，凭什么根据你的标准来评定别人呢，是吧？说不定从他的角度看，你反而是性功能障碍或者无欲呢（齐笑）！

　　王　蒙：反正性在婚姻里是非常重要的，想去回避也绝不可能，但婚姻又不仅仅是一个性的关系。如果只是性的关系的话——

　　窦文涛：就越来越不是个事儿了……

嘉宾介绍

许子东，上海人，现居香港。港大教授，主业教书，副业是和文涛一起锵锵，用学者精神调侃文化热点。文涛有言"文道渊博，子东刻薄，我轻薄"。

梁文道，生于香港，长于台湾。兴趣广泛，涉猎各方。出版多部杂文，被冠以"公众知识分子"之名。十多年锵锵嘉宾经验，与窦文涛、许子东成为不折不扣的"铁三角"。

马家辉，传媒人、专栏作家、文化评论学者。自称及他称"新香江四少"之一。为《锵锵三人行》早期嘉宾之一，人称"既有江湖味又有书生气"。

王蒙，30后。这个老头儿不简单——出了无数书，走了无数国家，得了无数奖，出任无数大学的教授，还当了三年的文化部长，人生坎坷也能涉险成趣。

查建英，北京人。80年代越洋留学，2003年回国后出了几本书，如著名的《八十年代访谈录》，并为《纽约客》《纽约时报》《读书》《万象》等刊物撰稿。

张大春，生于台湾，祖籍山东。当代最优秀的华语小说家之一。好故事、会说书、擅书法、爱赋诗。著有《四喜忧国》《聆听父亲》《城邦暴力团》等。

马未都，北京人。早年下乡插队，文学青年。80年代开始搞收藏，很快成了专家，创办中国第一家私立博物馆——观复博物馆。偶尔也来锵锵一下，人称"马爷"。

张鸣，浙江人，中国人民大学政治学教授，自称"做过农工、兽医。初学农业机械，后涉历史，在吃粉笔灰之余，喜欢写点不伦不类的文字"。

孟广美，生于台湾，身高178cm的美女，锵锵常驻嘉宾之一。做过模特、主持、演员，半生情路坎坷，最终遇上真命天子，修成正果。

吴淡如，台湾家喻户晓的电视节目主持人，并且主持、著书两不误，以励志、爱情为轴心出版多部畅销佳作，被誉为"台湾畅销书天后"，堪称"名利双收"。

李艾，身高177cm的广东人，自称"非标准美女"。无意中走入模特圈，从此一发不可收拾，涉猎唱歌、主持、经商……用她自己的话说，"做模特就该四面出击"。

宋晓军，凤凰卫视特约军事评论员。曾入伍做过海军军官，后任《舰船知识》编辑。2009年，与几位作者合著《中国不高兴》，被称为"时政奇书"，又红又争议。

嘉宾介绍

加藤嘉一，日本非典型80后。就读于北大国际关系学院。出书、写专栏、同声传译、教学、策划、主持，甚至在《锵锵三人行》中透露给日本黑社会做过翻译。

蔺德刚，南开大学物理系毕业，成人用品店老板。2010年出了一本低调小书《成人之美》，被称为"2010年最性感的书"。

杨娟，湘妹子。凤凰卫视主播，兼任采访记者，偶尔客串一把《锵锵三人行》。

竹幼婷，"来自宝岛台湾的小甜甜"，凤凰卫视主播，至今未婚。

袁莉，浙江人，演员。因《铁齿铜牙纪晓岚》一剧，至今被称"杜小月"。

李秀媛，外号"李大胆"，台湾人，大陆观众对她的认识始于央视《正大综艺》的外景主持。

影子，原名张傲嘉。上海人，留学美国。出演、创作多部影视作品，被称为"百老汇中国女孩"。

瘦马，《男人装》主编，专栏作家。著有《都是名气惹的祸》《出位》《新海上花》等。

苏紫紫，1991年生在于湖北宜昌，自幼父母离异。2010年底，以两个身份：中国人民大学本科生、每场五百元报酬裸模，走红网络。

吴雅姗，香港关注性工作者组织——紫藤的干事及发言人。

图书在版编目（CIP）数据

锵锵三人行·只谈风月 / 凤凰书品编. —长沙：湖南文艺出
版社，2011.8
ISBN 978-7-5404-5072-4

Ⅰ.①锵…　Ⅱ.①凤…　Ⅲ.①婚姻—通俗读物　②爱情—通
俗读物　Ⅳ.①C913.13-49

中国版本图书馆CIP数据核字（2011）第155536号

上架建议：大众文化

锵锵三人行·只谈风月

编　　著：凤凰书品
出 版 人：刘清华
责任编辑：丁丽丹　刘诗哲
监　　制：蔡明菲　潘　良
特约编辑：杨丽娜
版式设计：姜利锐
封面设计：蒋宏工作室
出版发行：湖南文艺出版社
　　　　　（长沙市雨花区东二环一段508号 邮编：410014）
网　　址：www.hnwy.net
印　　刷：北京嘉业印刷厂
经　　销：新华书店
开　　本：880×1270　1/32
字　　数：210千字
印　　张：9.5
版　　次：2011年8月第1版
印　　次：2011年8月第1次印刷
书　　号：ISBN 978-7-5404-5072-4
定　　价：28.00元

（若有质量问题，请致电质量监督电话：010-84409925）